ŒUVRES COMPLÈTES
DE MOLIÈRE

ILLUSTRÉES

PAR JANET-LANGE.

L'ÉCOLE DES FEMMES

COMÉDIE EN CINQ ACTES.

**NOTICE
SUR
L'ÉCOLE DES FEMMES
ET SUR LA
CRITIQUE DE L'ÉCOLE DES FEMMES.**

L'*Ecole des Femmes* fut jouée le 20 décembre 1662. Molière s'était marié le 20 février, et les accès de sa propre jalousie l'ont sans doute inspiré dans la peinture des tourments d'Arnolphe, dont il créa lui-même le rôle avec un éclatant succès. Le rôle d'Horace était rempli par Lagrange, celui d'Alain par Brécourt, celui d'Agnès par mademoiselle de Brie, et celui de Georgette par mademoiselle Beauval. Mademoiselle de Brie, qui ne se retira que le 19 juin 1684, jouait encore Agnès à l'âge de soixante-cinq ans. Peu de temps avant sa retraite, ses camarades l'engagèrent à céder ce rôle à mademoiselle Ducroisy; mais quoique celle-ci eût plus de jeunesse et de beauté, le public, en la voyant paraître, se mit à crier: De Brie, de Brie!... On envoya chercher la vieille ac-

ARNOLPHE. Ne vous a-t-il point pris, Agnès, quelque autre chose ? (Act. II, sc. VI)

trice, à laquelle on ne permit même pas de quitter son costume de ville, et qui fut accueillie avec enthousiasme.
Jamais, depuis le *Cid*, une pièce de théâtre n'avait produit une plus vive sensation. Elle eut de fervents admirateurs et des détracteurs acharnés. La muse historique de Loret nous apprend que

Pour divertir seigneurs et dames,
On joua l'*Ecole des Femmes*,
Qui fit rire Leurs Majestés
Jusqu'à s'en tenir les côtés.

Cette haute approbation n'empêcha pas une foule de marquis, de gens de lettres et de beaux esprits d'attaquer l'*Ecole des Femmes* comme contraire aux règles dans son ensemble, comme obscène dans ses détails. Le commandeur de Souvré la dénigra à la cour; le comte du Broussin se leva au milieu d'une représentation, et se retira en disant qu'il ne comprenait pas qu'on pût écouter de pareilles sornettes. Un certain Plapisson, professeur de philosophie, assis un jour sur un des bancs qui bordaient la scène, regardait les spectateurs d'un air dédaigneux, et répétait parfois en haussant les épaules : « Ris donc, public, ris donc! »

Molière fut vengé de ses détracteurs par les stances suivantes de Boileau-Despréaux, qui, jeune encore, annonçait déjà qu'il serait inflexible champion du bon goût :

> En vain mille jaloux esprits,
> Molière, osent avec mépris
> Censurer ton plus bel ouvrage,
> Sa charmante naïveté
> S'en va pour jamais, d'âge en âge,
> Divertir la postérité.
>
> Que tu ris agréablement!
> Que tu badines savamment!
> Celui qui sut vaincre Numance,
> Qui mit Carthage sous sa loi,
> Jadis, sous le nom de Térence,
> Sut-il mieux badiner que toi?
>
> Ta muse avec utilité
> Dit plaisamment la vérité;
> Chacun profite à ton école :
> Tout en est beau, tout en est bon,
> Et ta plus burlesque parole
> Est souvent un docte sermon.
>
> Laisse gronder tes envieux :
> Ils ont beau crier, en tous lieux,
> Qu'en vain tu charmes le vulgaire,
> Que tes vers n'ont rien de plaisant;
> Si tu savais un peu moins plaire,
> Tu ne leur déplairais pas tant.

Les écrivains médiocres qui se déchaînèrent contre *l'École des Femmes*, accusèrent surtout l'auteur d'avoir pillé de tous côtés les éléments de son œuvre. Il est vrai que Molière a puisé quelques détails dans la *Précaution inutile* de Scarron, les *Jaloux d'Estramadure* de Cervantes, et les *Piacevoli notti* de Straparola de Caravage, où Perrault a trouvé le sujet du *Chat botté*. Pour l'écrivain dramatique, comme pour le conteur, le mérite est tout entier dans l'exécution.

La *Précaution inutile*, nouvelle de Scarron, n'est qu'une détestable bouffonnerie. Don Pèdre, gentilhomme de Grenade, après une foule d'aventures qui lui donnent mauvaise opinion des femmes, se décide à épouser une jeune niaise appelée Laure, élevée au couvent, belle comme tous les anges ensemble, et sotte comme toutes les religieuses qui sont venues au monde sans esprit. Le jour des noces, il lui persuade que le devoir des femmes mariées est de veiller sur leurs époux, et en conséquence il lui fait revêtir une armure. Quelque temps après, un cavalier de Cordoue courtise la jeune niaise pendant l'absence de Don Pèdre, et lui dépêche une vieille intrigante, qui en obtient le passe-partout de toutes les portes de la maison. Le cavalier s'y introduit et détermine Laure à quitter son armure. Au retour de Don Pèdre, Laure s'empresse de lui raconter naïvement tout ce qui s'est passé; le mari trompé déplore son erreur, et reconnaît qu'une femme spirituelle peut être honnête par elle-même, mais qu'une sotte ne peut l'être sans le secours d'autrui.

On remarquera de l'héroïne de ce conte invraisemblable est totalement dénuée d'intelligence, tandis qu'Agnès est une spirituelle ignorante dont l'amour développe les sentiments et les facultés.

Les perpétuelles révélations d'Horace à Arnolphe ont eu pour modèle celles de Nérin au docteur Raymond, dans la *Quatrième Nuit* de Straparole. Amoureux d'une belle inconnue, Raymond prend accidentellement le mari pour confident, et celui-ci ne peut réussir à surprendre ceux dont il connaît toutes les démarches. Un jour, dans son désespoir, il met le feu aux quatre coins d'une chambre où il croit Nérin caché. Mais sa femme fait emporter le jeune homme dans une armoire qui contient, dit-elle, son contrat de mariage et autres papiers importants. Nérin finit par enlever sa maîtresse, et le docteur Raymond en meurt de chagrin. Ce sujet est ingénieux, mais lourdement traité. Les curieux qui voudraient en juger pourront consulter ou le texte italien ou la traduction française publiée par Jean Louveau et Pierre de Larrivey, sous ce titre : les *Facétieuses Nuits* de Jean François Straparole. Paris, Langelier 1588, in-16.

Voltaire, avec sa perfidie habituelle, s'efforce de déprécier *l'École des Femmes* en feignant de reproduire simplement les jugements portés sur cette pièce dans la nouveauté.

« Le théâtre de Molière, dit-il, avait donné naissance à la bonne comédie. Il fut abandonné la moitié de l'année 1661 et toute l'année 1662 pour certaines farces moitié italiennes, moitié françaises, qui furent alors accréditées par le retour d'un fameux pantomime italien connu sous le nom de Scaramouche. Les mêmes spectateurs qui applaudissaient sans réserve à ces farces monstrueuses se rendirent difficiles pour *l'École des Femmes*, pièce d'un genre tout nouveau, laquelle, quoique toute en récits, est ménagée avec tant d'art que tout paraît être en action. Elle fut très-suivie et très-critiquée. Elle passe pour être inférieure en tact à *l'École des Maris*, et surtout dans le dénoûment, qui est aussi postiche dans *l'École des Femmes* qu'il est bien amené dans *l'École des Maris*. On se révolta généralement contre quelques expressions qui paraissent indignes de Molière, on désapprouva le *corbillon*, la *tarte à la crème*, les *enfants faits par l'oreille*, mais aussi les connaisseurs admirèrent avec quelle adresse Molière avait su attacher et plaire pendant cinq actes par la seule confidence d'Horace au vieillard et par de simples récits. Il semblait qu'un sujet ainsi traité ne dût fournir qu'un acte; mais c'est le caractère du vrai génie de répandre sa fécondité sur un sujet stérile, et de varier ce qui semble uniforme. »

L'examen de *l'École des Femmes* par la Harpe est plus judicieux et plus impartial.

« L'auteur a indiqué lui-même le défaut le plus sensible de sa pièce, par ce vers que dit Horace à ce vieil Arnolphe, lorsqu'il le rencontre dans la rue pour la troisième fois :

> La place n'est pas heureuse à vous y rencontrer.

» Faire rencontrer à Horace et Arnolphe à point nommé trois fois de suite, c'est trop montrer le besoin qu'on en a pour les confidences; comme aussi le besoin d'un dénoûment se fait trop sentir par l'arrivée des deux vieillards, l'un père d'Horace et l'autre père d'Agnès, qui ne viennent au cinquième acte que pour conclure un mariage. On a beau abréger au théâtre le long roman qu'ils racontent en dialogue pour expliquer leurs aventures; j'ai toujours vu qu'on n'écoutait que le peu qu'on en dit, parce que l'on est d'accord avec l'auteur pour ôter Agnès des mains d'Arnolphe, n'importe comment, et la donner au jeune homme qu'elle aime.

» Le choix d'une place publique pour le lieu de la scène occasionne aussi quelques autres invraisemblances ; par exemple : celle du sermon sur les devoirs du mariage, qu'Arnolphe devait faire dans sa maison plutôt que dans la rue. Mais ce sermon est d'un sérieux si plaisant, d'une harmonie si originale, qu'il importe peu où il se fasse, pourvu qu'on l'entende.

» Les défauts dont je viens de parler disparaissent au milieu du bon comique et de la vraie gaieté dont cette pièce est remplie. Situations, caractères, incidents, dialogue, tout concourt à ce grand objet de la comédie : instruire en divertissant.

A propos du rôle d'Agnès, la Harpe ajoute : « Il est soutenu d'un bout à l'autre avec la même perfection, il n'y a pas un mot qui ne soit de la plus grande ingénuité et en même temps de l'effet le plus saillant; tout est à la fois et de caractère et de situation, et cette réunion est le comble de l'art. »

Molière lui-même fut son premier juge. Il résume les observations qu'on faisait pour ou contre *l'École des Femmes* dans une petite comédie en un acte, qu'on doit moins regarder comme une œuvre dramatique que comme une discussion entre plusieurs interlocuteurs. La *Critique de l'École des Femmes*, la première pièce de ce genre qui ait paru, fut jouée le 1er juin 1663, sur le théâtre du Palais-Royal, et eut trente et une représentations. Les rôles étaient ainsi distribués : Uranie, mademoiselle de Brie; Elise, Armande Béjart (femme Molière); Climène, mademoiselle Duparc; le marquis, Lagrange; Dorante, Brécourt; Lysidas, Ducroisy.

Le succès qu'obtint la *Critique de l'École des Femmes* est constaté par Loret, dans sa *Muse historique* du 2 juin :

> Les comédiens de Monsieur,
> Pour qui, dans mon intérieur,
> J'ai de l'amour et de l'estime,
> Et surtout pour un anonyme,
> Ont aussi mis sur le bureau
> Quelque chose de fort nouveau;
> Savoir : une pièce comique,
> Qui s'intitule la *Critique*.
> Sans doute que très-bien de gens
> De la voir seront diligents,
> Etant, dit-on, fort singulière
> En venant de la rare Molière :
> C'est-à-dire de bonne main.
> Je la verrai, je crois, demain.

La *Critique de l'École des Femmes* enfanta plusieurs pièces du même genre. Edme Boursault donna au théâtre de l'hôtel de Bourgogne le *Portrait du Peintre*, ou la *Contre-Critique de l'École des Femmes*, comédie en un acte et en vers. Visé fit représenter en 1663 une comédie en un acte et en prose, intitulée *Zélinde*, ou la *Véritable critique de l'École des Femmes*, et la *Critique de la Critique*. Pierre de la Croix publia en 1664 un opuscule intitulé la *Guerre comique*, ou la *Défense de l'École des Femmes*, espèce de comédie en un acte, en prose, divisé, au lieu de scènes, en cinq disputes. La même année parut le *Panégyrique de l'École des Femmes*, ou *Conversation comique sur les œuvres de Molière*. Paris, Charles de Sercy. In-12.

ÉMILE DE LA BÉDOLLIÈRE.

ÉPITRE DÉDICATOIRE.

A MADAME.

MADAME,

Je suis le plus embarrassé homme du monde lorsqu'il me faut dédier un livre ; et je me trouve si peu fait au style d'épître dédicatoire, que je ne sais par où sortir de celle-ci. Un autre auteur qui serait à ma place trouverait d'abord cent belles choses à dire de VOTRE ALTESSE ROYALE sur ce titre de l'*Ecole des Femmes* et l'offre qu'il vous en ferait. Mais, pour moi, MADAME, je vous avoue mon faible : je ne suis point cet art de trouver des rapports entre des choses si peu proportionnées ; et quelques belles lumières que mes confrères les auteurs me donnent tous les jours sur de pareils sujets, je ne vois point ce que VOTRE ALTESSE ROYALE pourrait avoir à démêler avec la comédie que je lui présente. On n'est pas en peine, sans doute, comme il faut faire pour vous louer : la matière, MADAME, ne saute que trop aux yeux ; et de quelque côté qu'on vous regarde, on rencontre gloire sur gloire et qualités sur qualités. Vous en avez, MADAME, du côté du rang et de la naissance, qui vous font respecter de toute la terre. Vous en avez du côté des grâces et de l'esprit et du corps, qui vous font admirer de toutes les personnes qui vous voient. Vous en avez du côté de l'âme, qui, si l'on ose parler ainsi, vous font aimer de tous ceux qui ont l'honneur d'approcher de vous : je veux dire cette douceur pleine de charmes dont vous daignez tempérer la fierté des grands titres que vous portez, cette bonté tout obligeante, cette affabilité généreuse que vous faites paraître pour tout le monde. Et ce sont particulièrement ces dernières pour qui je suis, et dont je sens fort bien que je ne me pourrai faire quelque jour. Mais encore une fois, MADAME, je ne sais point le biais de faire entrer ici des vérités si éclatantes ; et ce sont choses, à mon avis, et d'une trop vaste étendue, et d'un mérite trop relevé, pour les vouloir renfermer dans une épître et les mêler avec des bagatelles. Tout bien considéré, MADAME, je ne vois rien à faire ici pour moi que de vous dédier simplement ma comédie, et de vous assurer, avec tout le respect qu'il m'est possible, que je suis,

MADAME,

DE VOTRE ALTESSE ROYALE

le très-humble, très-obéissant
et très-obligé serviteur.

MOLIÈRE.

PRÉFACE.

Bien des gens ont frondé d'abord cette comédie : mais les rieurs ont été pour elle ; et tout le mal qu'on en a pu dire n'a pu faire qu'elle n'ait eu un succès dont je me contente. Je sais qu'on attend de moi dans cette impression quelque préface qui réponde aux censeurs et rende raison de mon ouvrage ; et sans doute que je suis assez redevable à toutes les personnes qui lui ont donné leur approbation pour me croire obligé de défendre leur jugement contre celui des autres : mais il se trouve qu'une grande partie des choses que j'aurais à dire sur ce sujet est déjà dans une dissertation que j'ai faite en dialogue, et dont je ne sais encore ce que je ferai. L'idée de ce dialogue, ou, si l'on veut, de cette petite comédie, me vint après les deux ou trois premières représentations de ma pièce. Je la dis, cette idée, dans une maison où je me trouvai un soir : et d'abord une personne de qualité, dont l'esprit est assez connu dans le monde, et qui me fait l'honneur de m'aimer, trouva le projet assez à son gré non-seulement pour me solliciter d'y mettre la main, mais encore pour l'y mettre lui-même. Et je fus étonné que, deux jours après, il me montra toute l'affaire exécutée d'une manière à la vérité beaucoup plus galante et plus spirituelle que je ne puis faire, mais où je trouvai des choses trop avantageuses pour moi ; et j'eus peur que, si je produisais cet ouvrage sur notre théâtre, on ne m'accusât d'avoir mendié les louanges qu'on m'y donnait. Cependant cela m'empêcha, par quelque considération, d'achever ce que j'avais commencé. Mais tant de gens me pressent tous les jours de le faire, que je ne sais ce qui en sera ; et cette incertitude est cause que je ne mets point dans cette préface ce qu'on verra dans la *Critique*, en cas que je me résolve à la faire paraître. S'il faut que cela soit, je le dis encore, ce sera seulement pour venger le public du chagrin délicat de certaines gens : car pour moi je m'en tiens assez vengé par la réussite de ma comédie ; et je souhaite que toutes celles que je pourrai faire soient traitées par eux comme celle-ci, pourvu que le reste soit de même.

L'ECOLE DES FEMMES.

PERSONNAGES.

ARNOLPHE ou LA SOUCHE.
AGNÈS, fille d'Enrique.
HORACE, amant d'Agnès, fils d'Oronte.
CHRYSALDE, ami d'Arnolphe.
ENRIQUE, beau-frère de Chrysalde et père d'Agnès.

ORONTE, père d'Horace et ami d'Arnolphe.
ALAIN, paysan, valet d'Arnolphe.
GEORGETTE, paysanne, servante d'Arnolphe.
UN NOTAIRE.

La scène est à Paris, dans une place d'un faubourg.

ACTE PREMIER.
SCÈNE I.
CHRYSALDE, ARNOLPHE.

CHRYSALDE. Vous venez, dites-vous, pour lui donner la main?
ARNOLPHE. Oui. Je veux terminer la chose dans demain.
CHRYSALDE. Nous sommes ici seuls; et l'on peut, ce me semble,
Sans craindre d'être ouïs, y discourir ensemble.
Voulez-vous qu'en ami je vous ouvre mon cœur?
Votre dessein pour vous me fait trembler de peur;
Et, de quelque façon que vous tourniez l'affaire,
Prendre femme est à vous un coup bien téméraire.
ARNOLPHE. Il est vrai, notre ami, peut-être que, chez vous,
Vous trouvez des sujets de craindre pour chez nous;
Et votre front, je crois, veut que du mariage
Les cornes soient partout l'infaillible apanage.
CHRYSALDE. Ce sont coups du hasard, dont on n'est point garant;
Et bien sot, ce me semble, est le soin qu'on en prend.
Mais quand je crains pour vous, c'est cette raillerie
Dont cent pauvres maris ont souffert la furie :
Car enfin vous savez qu'il n'est grands ni petits
Que de votre critique on ait vus garantis;
Que vos plus grands plaisirs sont, partout où vous êtes,
De faire cent éclats des intrigues secrètes...
ARNOLPHE. Fort bien. Est-il au monde une autre ville aussi
Où l'on ait des maris si patients qu'ici?
Est-ce qu'on n'en voit pas de toutes les espèces,
Qui sont accommodés chez eux de toutes pièces?
L'un amasse du bien, dont sa femme fait part
A ceux qui prennent soin de le faire cornard :
L'autre un peu plus heureux, mais non pas moins infâme,
Voit faire tous les jours des présents à sa femme,
Et d'aucun soin jaloux n'a l'esprit combattu,
Parce qu'elle lui dit que c'est pour sa vertu.
L'un fait beaucoup de bruit qui ne lui sert de guères :
L'autre en toute douceur laisse aller les affaires,
Et, voyant arriver chez lui le damoiseau,
Prend fort honnêtement ses gants et son manteau.
L'une de son galant, en adroite femelle,
Fait fausse confidence à son époux fidèle,
Qui dort en sûreté sur un pareil appas,
Et le plaint, ce galant, des soins qu'il ne perd pas :
L'autre, pour se purger de sa magnificence,
Dit qu'elle gagne au jeu l'argent qu'elle dépense;
Et le mari benêt, sans songer à quel jeu,
Sur les gains qu'elle fait rend des grâces à Dieu.
Enfin ce sont partout des sujets de satire,
Et, comme spectateur, ne puis-je pas en rire?
Puis-je pas de nos sots...?
CHRYSALDE.   Oui : mais qui rit d'autrui
Doit craindre qu'en revanche on rie aussi de lui.
J'entends parler le monde; et des gens se délassent
A venir débiter les choses qui se passent :
Mais, quoi que l'on divulgue aux endroits où je suis,
Jamais on ne m'a vu triompher de ces bruits.
J'y suis assez modeste : et bien qu'aux occurrences
Je puisse condamner certaines tolérances,
Que mon dessein ne soit de souffrir nullement
Ce que quelques maris souffrent paisiblement,
Pourtant je n'ai jamais affecté de le dire,
Car enfin il faut craindre un revers de satire,
Et l'on ne doit jamais jurer sur de tels cas
De ce qu'on pourra faire, ou bien ne faire pas.
Ainsi, quand à mon front, par un sort qui tout mène,
Il serait arrivé quelque disgrâce humaine,
Après mon procédé, je suis presque certain
Qu'on se contentera de s'en rire sous main :
Et peut-être qu'encor j'aurai cet avantage
Que quelques bonnes gens diront que c'est dommage.
Mais de vous, cher compère, il en est autrement;
Je vous le dis encor, vous risquez diablement;
Comme sur les maris accusés de souffrance
De tout temps votre langue a daubé d'importance,
Qu'on vous a vu contre eux un diable déchaîné,
Vous devez marcher droit pour n'être point berné;
Et, s'il faut que sur vous on ait la moindre prise,
Gare qu'aux carrefours on ne vous tympanise,
Et...
ARNOLPHE. Mon Dieu! notre ami, ne vous tourmentez point.
Bien rusé qui pourra m'attraper sur ce point.
Je sais les tours rusés et les subtiles trames
Dont pour nous en planter savent user les femmes;
Et, comme on est sot dupé par leurs dextérités,
Contre cet accident j'ai pris mes sûretés;
Et celle que j'épouse a toute l'innocence
Qui peut sauver mon front de maligne influence.
CHRYSALDE. Hé! que prétendez-vous? qu'une sotte en un mot...?
ARNOLPHE. Épouser une sotte est pour n'être point sot.
Je crois, en bon chrétien, votre moitié fort sage;
Mais une femme habile est un mauvais présage;
Et je sais ce qu'il coûte à de certaines gens
Pour avoir pris les leurs avec trop de talents.
Moi, j'irais me charger d'une spirituelle
Qui ne parlerait rien que cercle et que ruelle,
Qui de prose et de vers ferait de doux écrits,
Et que visiteraient marquis et beaux esprits,
Tandis que, sous le nom du mari de madame,
Je serais comme un saint que pas un ne réclame?
Non, non, je ne veux point d'un esprit qui soit haut;
Et femme qui compose en sait plus qu'il ne faut.
Je prétends que la mienne, en clartés peu sublime,
Même ne sache pas ce que c'est qu'une rime;
Et s'il faut qu'avec elle on joue au corbillon,
Et qu'on vienne à lui dire à son tour : Qu'y met-on?
Je veux qu'elle réponde une tarte à la crème;
En un mot, qu'elle soit d'une ignorance extrême :
Et c'est assez pour elle, à vous en bien parler,
De savoir prier Dieu, m'aimer, coudre et filer.
CHRYSALDE. Une femme stupide est donc votre marotte?
ARNOLPHE. Tant, que j'aimerais mieux une laide bien sotte,
Qu'une femme fort belle avec beaucoup d'esprit.
CHRYSALDE. L'esprit et la beauté...
ARNOLPHE.   L'honnêteté suffit.
CHRYSALDE. Mais comment voulez-vous, après tout, qu'une bête
Puisse jamais savoir ce que c'est qu'être honnête?
Outre qu'il est assez ennuyeux, que je crois,
D'avoir toute sa vie une bête avec soi,
Pensez-vous le bien prendre, et que sur votre idée
La sûreté d'un front puisse être bien fondée?
Une femme d'esprit peut trahir son devoir,
Mais il faut pour le moins qu'elle ose le vouloir;
Et la stupide au sien peut manquer d'ordinaire
Sans en avoir l'envie et sans penser le faire.
ARNOLPHE. A ce bel argument, à ce discours profond,
Ce que Pantagruel à Panurge répond :

ACTE 1, SCÈNE IV.

Pressez-moi de me joindre à femme autre que sotte,
Prêchez, patrocinez jusqu'à la Pentecôte,
Vous serez ébahi, quand vous serez au bout,
Que vous ne m'aurez rien persuadé du tout.
CHRYSALDE. Je ne vous dis plus mot.
ARNOLPHE.   Chacun a sa méthode.
En femme, comme en tout, je veux suivre ma mode :
Je me vois riche assez pour pouvoir, que je croi,
Choisir une moitié qui tienne tout de moi,
Et de qui la soumise et pleine dépendance
N'ait à me reprocher aucun bien ni naissance.
Un air doux et posé, parmi d'autres enfants,
M'inspira de l'amour pour elle dès quatre ans :
Sa mère se trouvant de pauvreté pressée,
De la lui demander il me vint en pensée;
Et la bonne paysanne, apprenant mon désir,
A s'ôter cette charge eut beaucoup de plaisir.
Dans un petit couvent, loin de toute pratique,
Je la fis élever selon ma politique,
C'est-à-dire ordonnant quels soins on emploierait
Pour la rendre idiote autant qu'il se pourrait.
Dieu merci, le succès a suivi mon attente;
Et grande, je l'ai vue à tel point innocente,
Que j'ai béni le ciel d'avoir trouvé mon fait
Pour me faire une femme au gré de mon souhait.
Je l'ai donc retirée; et, comme ma demeure
A cent sortes de gens est ouverte à toute heure,
Je l'ai mise à l'écart, comme il faut tout prévoir,
Dans cette autre maison où nul ne me vient voir;
Et, pour ne point gâter sa bonté naturelle,
Je n'y tiens que des gens tout aussi simples qu'elle.
Vous me direz : Pourquoi cette narration?
C'est pour vous rendre instruit de ma précaution.
Le résultat de tout est qu'en ami fidèle
Ce soir je vous invite à souper avec elle;
Je veux que vous puissiez un peu l'examiner,
Et voir si de mon choix on doit me condamner.
CHRYSALDE. J'y consens.
ARNOLPHE.   Vous pourrez, dans cette conférence,
Juger de sa personne et de son innocence.
CHRYSALDE. Pour cet article-là, ce que vous m'avez dit
Ne peut...
ARNOLPHE.   La vérité passe encor mon récit.
Dans ses simplicités à tous coups je l'admire,
Et parfois elle en dit dont je pâme de rire.
L'autre jour, pourrait-on se le persuader?
Elle était fort en peine, et me vint demander,
Avec une innocence à nulle autre pareille,
Si les enfants qu'on fait se faisaient par l'oreille.
CHRYSALDE. Je me réjouis fort, seigneur Arnolphe...
ARNOLPHE.   Bon!
Me voulez-vous toujours appeler de ce nom?
CHRYSALDE. Ah! malgré que j'en aie, il me vient à la bouche,
Et jamais je ne songe à monsieur de la Souche.
Qui diable vous a fait aussi vous aviser
A quarante-deux ans de vous débaptiser,
Et d'un vieux tronc pourri de votre métairie
Vous faire dans le monde un nom de seigneurie?
ARNOLPHE. Outre que la maison par ce nom se connaît,
La Souche plus qu'Arnolphe à mes oreilles plaît.
CHRYSALDE. Quel abus de quitter le vrai nom de ses pères
Pour en vouloir prendre un bâti sur des chimères!
De la plupart des gens c'est la démangeaison;
Et, sans vous embrasser dans la comparaison,
Je sais un paysan qu'on appelait Gros-Pierre,
Qui, n'ayant pour tout bien qu'un seul quartier de terre,
Y fit tout alentour faire un fossé bourbeux,
Et de monsieur de l'Ile en prit le nom pompeux.
ARNOLPHE. Vous pourriez vous passer d'exemple de la sorte.
Mais enfin de la Souche est le nom que je porte :
J'y vois de la raison, j'y trouve des appas;
Et m'appeler de l'autre est ne m'obliger pas.
CHRYSALDE. Cependant la plupart ont peine à s'y soumettre,
Et je vois même encor des adresses de lettre...
ARNOLPHE. Je le souffre aisément de qui n'est pas instruit;
Mais vous...
CHRYSALDE.   Soit : là-dessus nous n'aurons point de bruit;
Et je prendrai le soin d'accoutumer ma bouche
A ne vous plus nommer que monsieur de la Souche.
ARNOLPHE. Adieu. Je frappe ici pour donner le bonjour,
Et dire seulement que je suis de retour.
CHRYSALDE *à part en s'en allant.*
Ma foi, je le tiens fou de toutes les manières.
ARNOLPHE *seul.* Il est un peu blessé de certaines matières.
Chose étrange de voir comme avec passion

Un chacun est chaussé de son opinion!
(Il frappe à sa porte.)
Holà!

SCÈNE II.
ARNOLPHE, ALAIN ET GEORGETTE *dans la maison.*

ALAIN. Qui heurte?
ARNOLPHE.   *(A part.)*
                 Ouvrez. On aura, que je pense,
Grande joie à me voir après dix jours d'absence.
ALAIN. Qui va là?
ARNOLPHE.   Moi.
ALAIN.   Georgette!
GEORGETTE.   Hé bien?
ALAIN.   Ouvre là-bas.
GEORGETTE. Vas-y toi.
ALAIN.   Vas-y toi.
GEORGETTE.   Ma foi, je n'irai pas.
ALAIN. Je n'irai pas aussi.
ARNOLPHE.   Belle cérémonie
Pour me laisser dehors! Holà ho! je vous prie.
GEORGETTE. Qui frappe?
ARNOLPHE.   Votre maître.
GEORGETTE.   Alain!
ALAIN.   Quoi?
GEORGETTE.   C'est monsieur.
Ouvre vite.
ALAIN.   Ouvre, toi.
GEORGETTE.   Je souffle notre feu.
ALAIN. J'empêche, peur du chat, que mon moineau ne sorte.
ARNOLPHE. Quiconque de vous deux n'ouvrira pas la porte
N'aura point à manger de plus de quatre jours.
Ah!
GEORGETTE. Par quelle raison y venir, quand j'y cours?
ALAIN. Pourquoi plutôt que moi? Le plaisant stratagème?
GEORGETTE. Ote-toi donc de là.
ALAIN.   Non, ôte-toi toi-même.
GEORGETTE. Je veux ouvrir la porte.
ALAIN.   Et je veux l'ouvrir, moi.
GEORGETTE. Tu ne l'ouvriras pas.
ALAIN.   Ni toi non plus.
GEORGETTE.   Ni toi.
ARNOLPHE. Il faut que j'aie ici l'âme bien patiente!
ALAIN *en entrant.* Au moins, c'est moi, monsieur.
GEORGETTE *en entrant.*   Je suis votre servante;
C'est moi.
ALAIN.   Sans le respect de monsieur que voilà,
Je te...
ARNOLPHE *recevant un coup d'Alain.* Peste!
ALAIN.   Pardon.
ARNOLPHE.   Voyez ce lourdaud-là.
ALAIN. C'est elle aussi, monsieur.
ARNOLPHE.   Que tous deux on se taise.
Songez à me répondre, et laissons la fadaise.
Hé bien! Alain, comment se porte-t-on ici?
ALAIN. Monsieur, nous nous...
(Arnolphe ôte le chapeau de dessus la tête d'Alain.)
                Monsieur, nous nous por...
(Arnolphe l'ôte encore.)
                             Dieu merci,
Nous nous...
ARNOLPHE *ôtant le chapeau d'Alain pour la troisième fois et le jetant par terre.* Qui vous apprend, impertinente bête,
A parler devant moi, le chapeau sur la tête?
ALAIN. Vous faites bien, j'ai tort.
ARNOLPHE *à Alain.*   Faites descendre Agnès.

SCÈNE III.
ARNOLPHE, GEORGETTE.

ARNOLPHE. Lorsque je m'en allai, fut-elle triste après?
GEORGETTE. Triste? Non.
ARNOLPHE.   Non!
GEORGETTE. Si fait.
ARNOLPHE.   Pourquoi donc?...
GEORGETTE.   Oui, je meurs.
Elle vous croyait voir de retour à toute heure;
Et nous n'oyions jamais passer devant chez nous
Cheval, âne, ou mulet, qu'elle ne prit pour vous.

SCÈNE IV.
ARNOLPHE, AGNÈS, ALAIN, GEORGETTE.

ARNOLPHE. La besogne à la main! c'est un bon témoignage.
Hé bien, Agnès, je suis de retour du voyage :
En êtes-vous bien aise?

AGNÈS.   Oui, monsieur, Dieu merci.
ARNOLPHE. Et moi de vous revoir je suis bien aise aussi.
          Vous vous êtes toujours, comme on voit, bien portée?
AGNÈS.   Hors les puces, qui m'ont la nuit inquiétée.
ARNOLPHE. Ah! vous aurez dans peu quelqu'un pour les chasser.
AGNÈS.   Vous me ferez plaisir.
ARNOLPHE.   Je le puis bien penser.
          Que faites-vous donc là?
AGNÈS.   Je me fais des cornettes.
          Vos chemises de nuit et vos coiffes sont faites.
ARNOLPHE. Ah! voilà qui va bien! Allez, montez là-haut :
          Ne vous ennuyez point, je reviendrai tantôt,
          Et je vous parlerai d'affaires importantes.

SCÈNE V.
ARNOLPHE seul.

Héroïnes du temps, mesdames les savantes,
Pousseuses de tendresse et de beaux sentiments,
Je défie à la fois tous vos vers, vos romans,
Vos lettres, billets doux, toute votre science,
De valoir cette honnête et pudique ignorance.
Ce n'est point par le bien qu'il faut être ébloui,
Et pourvu que l'honneur soit...

SCÈNE VI.
HORACE, ARNOLPHE.

ARNOLPHE.   Que vois-je! Est-ce?... Oui.
Je me trompe. Nenni. Si fait. Non, c'est lui-même,
Hor...
HORACE.   Seigneur Ar...
ARNOLPHE.   Horace.
HORACE.   Ah! joie extrême!
Et depuis quand ici?
HORACE.   Depuis neuf jours.
ARNOLPHE.   Vraiment?
HORACE. Je fus d'abord chez vous, mais inutilement.
ARNOLPHE. J'étais à la campagne.
HORACE.   Oui, depuis dix journées.
ARNOLPHE. Oh! comme les enfants croissent en peu d'années!
J'admire de le voir au point où le voilà,
Après que je l'ai vu pas plus grand que cela.
HORACE. Vous voyez.
ARNOLPHE.   Mais de grâce, Oronte votre père,
Mon bon et cher ami que j'estime et révère,
Que fait-il à présent? Est-il toujours gaillard?
A tout ce qui le touche il sait que je prends part :
Nous ne nous sommes vus depuis quatre ans ensemble,
Ni, qui plus est, écrit l'un à l'autre, me semble.
HORACE. Il est, seigneur Arnolphe, encor plus gai que nous :
Et j'avais de sa part une lettre pour vous;
Mais depuis par une autre il m'apprend sa venue,
Et la raison encor ne m'en est pas connue.
Savez-vous qui peut être un de vos citoyens
Qui retourne en ces lieux avec beaucoup de biens
Qu'il s'est en quatorze ans acquis dans l'Amérique?
ARNOLPHE. Non. Mais vous a-t-on dit comme on le nomme?
HORACE.   Enrique.
ARNOLPHE. Non.
HORACE.   Mon père m'en parle, et qu'il est revenu,
Comme s'il devait m'être entièrement connu,
Et m'écrit qu'en chemin ensemble ils se vont mettre
Pour un fait important que ne dit pas sa lettre.
      (Horace remet la lettre d'Oronte à Arnolphe.)
ARNOLPHE. J'aurai certainement grande joie à le voir,
Et pour le régaler je ferai mon pouvoir.
        (Après avoir lu la lettre.)
Il faut pour les amis des lettres moins civiles,
Et tous ces compliments sont choses inutiles.
Sans qu'il prît le souci de m'en écrire rien,
Vous pouvez librement disposer de mon bien.
HORACE. Je suis homme à saisir les gens par leurs paroles,
Et j'ai présentement besoin de cent pistoles.
ARNOLPHE. Ma foi, c'est m'obliger que d'en user ainsi,
Et je me réjouis de les avoir ici.
Gardez aussi la bourse.
HORACE.   Il faut...
ARNOLPHE.   Laissons ce style.
Hé bien! comment encor trouvez-vous cette ville?
HORACE. Nombreuse en citoyens, superbe en bâtiments;
Et j'en crois merveilleux les divertissements.
ARNOLPHE. Chacun a ses plaisirs qu'il se fait à sa guise ;
Mais pour ceux que du nom de galants on baptise,

Ils ont en ce pays de quoi se contenter,
Car les femmes y sont faites à coqueter :
On trouve d'humeur douce et la brune et la blonde,
Et les maris aussi les plus bénins du monde;
C'est un plaisir de prince, et des tours que je voi
Je me donne souvent la comédie à moi.
Peut-être en avez-vous déjà féru quelqu'une.
Vous est-il point encore arrivé de fortune?
Les gens faits comme vous font plus que les écus,
Et vous êtes de taille à faire des cocus.
HORACE. A ne vous rien cacher de la vérité pure,
J'ai d'amour en ces lieux eu certaine aventure,
Et l'amitié m'oblige à vous en faire part.
ARNOLPHE à part. Bon! Voici de nouveau quelque conte gaillard ;
Et ce sera de quoi mettre sur mes tablettes.
HORACE. Mais, de grâce, qu'au moins ces choses soient secrètes.
ARNOLPHE. Oh!
HORACE.   Vous n'ignorez pas qu'en ces occasions
Un secret éventé rompt nos prétentions.
Je vous avouerai donc avec pleine franchise
Qu'ici d'une beauté mon âme s'est éprise.
Mes petits soins d'abord ont eu tant de succès,
Que je me suis chez elle ouvert un doux accès,
Et, sans trop me vanter ni lui faire une injure,
Mes affaires y sont en fort bonne posture.
ARNOLPHE en riant. Et c'est?
HORACE lui montrant le logis d'Agnès. Un jeune objet qui loge en ce logis
Dont vous voyez d'ici que les murs sont rougis;
Simple, à la vérité, par l'erreur sans seconde
D'un homme qui la cache au commerce du monde,
Mais qui, dans l'ignorance où l'on veut l'asservir,
Fait briller des attraits capables de ravir;
Un air tout engageant, je ne sais quoi de tendre
Dont il n'est point de cœur qui se puisse défendre.
Mais peut-être il n'est pas que vous n'ayez bien vu
Ce jeune astre d'amour de tant d'attraits pourvu :
C'est Agnès qu'on l'appelle.
ARNOLPHE à part.   Ah! je crève!
HORACE.   Pour l'homme,
C'est, je crois, de la Zousse, ou Source, qu'on le nomme;
Je ne me suis pas fort arrêté sur le nom :
Riche, à ce qu'on m'a dit; mais des plus sensés, non :
Et l'on m'en a parlé comme d'un ridicule.
Le connaissez-vous point?
ARNOLPHE à part.   La fâcheuse pilule !
HORACE. Hé ! vous ne dites mot?
ARNOLPHE.   Et oui, je le connoi.
HORACE. C'est un fou, n'est-ce pas?
ARNOLPHE.   Hé...
HORACE.   Qu'en dites-vous? Quoi?
Hé, c'est-à-dire, oui. Jaloux à faire rire?
Sot? Je vois qu'il en est ce que l'on m'a pu dire.
Enfin l'aimable Agnès a su m'assujettir.
C'est un joli bijou, pour ne vous point mentir;
Et ce serait péché qu'une beauté si rare
Fût laissée au pouvoir de cet homme bizarre.
Pour moi, tous mes efforts, tous mes vœux les plus doux
Vont à me rendre maître en dépit du jaloux;
Et l'argent que de vous j'emprunte avec franchise
N'est que pour mettre à bout cette juste entreprise.
Vous savez mieux que moi, quels que soient nos efforts,
Que l'argent est la clef de tous les grands ressorts,
Et que ce doux métal qui frappe tant de têtes,
En amour, comme en guerre, avance les conquêtes.
Vous me semblez chagrin; serait-ce qu'en effet
Vous désapprouveriez le dessein que j'ai fait?
ARNOLPHE. Non, c'est que je songeais...
HORACE.   Cet entretien vous lasse.
Adieu. J'irai vous tantôt vous rendre grâce.
ARNOLPHE se croyant seul. Ah! faut-il...!
HORACE revenant.   Derechef, veuillez être discret;
Et n'allez pas, de grâce, éventer mon secret.
ARNOLPHE se croyant seul. Que je sens dans mon âme...!
HORACE revenant.   Et surtout à mon père,
Qui s'en ferait peut-être un sujet de colère.
ARNOLPHE croyant qu'Horace revient encore.
Oh!...

SCÈNE VII.
ARNOLPHE seul.

Oh! que j'ai souffert durant cet entretien!
Jamais trouble d'esprit ne fut égal au mien.
Avec quelle imprudence et quelle hâte extrême
Il m'est venu conter cette affaire à moi-même!

Bien que mon autre nom le tienne dans l'erreur,
Etourdi montra-t-il jamais tant de fureur?
Mais, ayant tant souffert, je devais me contraindre
Jusques à m'éclaircir de ce que je dois craindre,
A pousser jusqu'au bout son caquet indiscret,
Et savoir pleinement leur commerce secret.
Tâchons de le rejoindre; il n'est pas loin, je pense :
Tirons-en de ce fait l'entière confidence.
Je tremble du malheur qui m'en peut arriver,
Et l'on cherche souvent plus qu'on ne veut trouver.

ACTE DEUXIÈME.

SCÈNE I.

ARNOLPHE.

Il m'est, lorsque j'y pense, avantageux sans doute
D'avoir perdu mes pas et pu manquer sa route :
Car enfin de mon cœur le trouble impérieux
N'eût pu se renfermer tout entier à ses yeux;
Il eût fait éclater l'ennui qui me dévore,
Et je ne voudrais pas qu'il sût ce qu'il ignore.
Mais je ne suis pas homme à gober le morceau,
Et laisser un champ libre aux yeux d'un damoiseau.
J'en veux rompre le cours, et, sans tarder, apprendre
Jusqu'où l'intelligence entre eux a pu s'étendre :
J'y prends pour mon honneur un notable intérêt;
Je la regarde en femme aux termes qu'elle en est;
Elle n'a pu faillir sans me couvrir de honte,
Et tout ce qu'elle fait enfin est sur mon compte.
Eloignement fatal! voyage malheureux!
 (Il frappe à sa porte.)

SCÈNE II.

ARNOLPHE, ALAIN, GEORGETTE.

ALAIN. Ah! monsieur, cette fois...
ARNOLPHE.   Paix. Venez çà, tous deux.
   Passez là, passez là. Venez là, venez, dis-je!
GEORGETTE. Ah! vous me faites peur, et tout mon sang se fige.
ARNOLPHE. C'est donc ainsi qu'absent vous m'avez obéi?
Et tous deux de concert vous m'avez donc trahi?
GEORGETTE *tombant aux genoux d'Arnolphe.*
Hé! ne me mangez pas, monsieur, je vous conjure.
ALAIN *à part.* Quelque chien enragé l'a mordu, je m'assure.
ARNOLPHE *à part.* Ouf! Je ne puis parler, je suis prévenu;
Je suffoque, et voudrais me pouvoir mettre nu.
   (A Alain et à Georgette.)
Vous avez donc souffert, ô canaille maudite!
   (A Alain qui veut s'enfuir.)
Qu'un homme soit venu!... Tu veux prendre la fuite!
   (A Georgette.)
Il faut que sur-le-champ... Si tu bouges... Je veux
   (A Alain.)
Que vous me disiez... Hé! oui, je veux que tous deux...
(Alain et Georgette se lèvent et veulent encore s'enfuir.)
Quiconque remuera, par la mort! je l'assomme.
Comme est-ce que chez moi s'est introduit cet homme?
Hé! parlez. Dépêchez, vite, promptement, tôt,
Sans rêver. Veut-on dire?
ALAIN et GEORGETTE.   Ah! ah!
GEORGETTE *retombant aux genoux d'Arnolphe.* Le cœur me faut.
ALAIN *retombant aux genoux d'Arnolphe.*
Je meurs.
ARNOLPHE *à part.* Je suis en eau : prenons un peu d'haleine;
Il faut que je m'évente et que je me promène.
Aurais-je deviné, quand je l'ai vu petit,
Qu'il croîtrait pour cela? Ciel! que mon cœur pâtit!
Je pense qu'il vaut mieux que de sa propre bouche
Je tire avec douceur l'affaire qui me touche,
Tâchons de modérer notre ressentiment.
Patience, mon cœur, doucement, doucement.
   (A Alain et à Georgette.)
Levez-vous, et, rentrant, faites qu'Agnès descende.
   (A part.)
Arrêtez. Sa surprise en deviendrait moins grande ;
Du chagrin qui me trouble ils iraient l'avertir,
Et moi-même je veux l'aller faire sortir.
   (A Alain et à Georgette.)
Que l'on m'attende ici.

SCÈNE III.

ALAIN, GEORGETTE.

GEORGETTE.   Mon Dieu! qu'il est terrible!
Ses regards m'ont fait peur, mais une peur horrible;
Et jamais je ne vis un plus hideux chrétien.
ALAIN. Ce monsieur l'a fâché ; je te le disais bien.
GEORGETTE. Mais que diantre est-ce là, qu'avec tant de rudesse
Il nous fait au logis garder notre maîtresse?
D'où vient qu'à tout le monde il veut tant la cacher,
Et qu'il ne saurait voir personne en approcher?
ALAIN. C'est que cette action le met en jalousie.
GEORGETTE. Mais d'où vient qu'il est pris de cette fantaisie?
ALAIN. Cela vient... Cela vient de ce qu'il est jaloux.
GEORGETTE. Oui : mais pourquoi l'est-il? et pourquoi ce courroux?
ALAIN. C'est que la jalousie... entends-tu bien, Georgette?
Est une chose... la... qui fait qu'on s'inquiète...
Et qui chasse les gens d'autour d'une maison.
Je m'en vais te bailler une comparaison,
Afin de concevoir la chose davantage :
Dis-moi, n'est-il pas vrai, quand tu tiens ton potage,
Que, si quelque affamé venait pour en manger,
Tu serais en colère, et voudrais le charger?
GEORGETTE. Oui, je comprends cela.
ALAIN.   C'est justement tout comme.
La femme est en effet le potage de l'homme ;
Et quand un homme voit d'autres hommes parfois
Qui veulent dans sa soupe aller tremper leurs doigts,
Il en montre aussitôt une colère extrême.
GEORGETTE. Oui : mais pourquoi chacun n'en fait-il pas de même,
Et que nous en voyons qui paraissent joyeux
Lorsque leurs femmes sont avec les beaux monsieurs?
ALAIN. C'est que chacun n'a pas cette amitié goulue
Qui n'en veut que pour soi.
GEORGETTE.   Si je n'ai la berlue,
Je le vois qui revient.
ALAIN.   Tes yeux sont bons, c'est lui.
GEORGETTE. Vois comme il est chagrin.
ALAIN.   C'est qu'il a de l'ennui.

SCÈNE IV.

ARNOLPHE, ALAIN, GEORGETTE.

ARNOLPHE *à part.* Un certain Grec disait à l'empereur Auguste,
Comme une instruction utile autant que juste,
Que, lorsqu'une aventure en colère nous met,
Nous devons, avant tout, dire notre alphabet,
Afin que dans ce temps la bile se tempère,
Et qu'on ne fasse rien que l'on ne doive faire.
J'ai suivi sa leçon sur le sujet d'Agnès,
Et je la fais venir dans ce lieu tout exprès
Sous prétexte d'y faire un tour de promenade,
Afin que les soupçons de mon esprit malade
Puissent sur le discours la mettre adroitement,
Et, lui sondant le cœur, s'éclaircir doucement.

SCÈNE V.

ARNOLPHE, AGNÈS, ALAIN, GEORGETTE.

ARNOLPHE. Venez, Agnès.
   (A Alain et à Georgette.)
   Rentrez.

SCÈNE VI.

ARNOLPHE, AGNÈS.

ARNOLPHE.   La promenade est belle.
AGNÈS. Fort belle.
ARNOLPHE.   Le beau jour!
AGNÈS.   Fort beau.
ARNOLPHE.   Quelle nouvelle?
AGNÈS. Le petit chat est mort.
ARNOLPHE.   C'est dommage; mais quoi!
Nous sommes tous mortels, et chacun est pour soi.
Lorsque j'étais aux champs, n'a-t-il point fait de pluie?
AGNÈS. Non.
ARNOLPHE. Vous ennuyait-il?
AGNÈS.   Jamais je ne m'ennuie.
ARNOLPHE. Qu'avez-vous fait encor ces neuf ou dix jours-ci?
AGNÈS. Six chemises, je pense, et six coiffes aussi.
ARNOLPHE *après avoir eu un peu rêvé.*
Le monde, chère Agnès, est une étrange chose!
Voyez la médisance, et comme chacun cause!
Quelques voisins m'ont dit qu'un jeune homme inconnu

Etait en mon absence à la maison venu;
Que vous aviez souffert sa vue et ses harangues :
Mais je n'ai point pris foi sur ces méchantes langues
Et j'ai voulu gager que c'était faussement...
AGNÈS. Mon Dieu! ne gagez pas, vous perdriez vraiment.
ARNOLPHE. Quoi! c'est la vérité qu'un homme...?
AGNÈS.   Chose sûre.
Il n'a presque bougé de chez nous, je vous jure.
ARNOLPHE *bas à part.* Cet aveu qu'elle fait avec sincérité
Me marque pour le moins son ingénuité.
         (*Haut.*)
Mais il me semble, Agnès, si ma mémoire est bonne,
Que j'avais défendu que vous vissiez personne.
AGNÈS. Oui : mais quand je l'ai vu, vous ignoriez pourquoi;
Et vous en auriez fait sans doute autant que moi.
ARNOLPHE. Peut-être. Mais enfin contez-moi cette histoire.
AGNÈS. Elle est fort étonnante, et difficile à croire.
J'étais sur le balcon à travailler au frais,
Lorsque je vis passer sous les arbres d'auprès
Un jeune homme bien fait, qui, rencontrant ma vue,
D'une humble révérence aussitôt me salue :
Moi, pour ne point manquer à la civilité,
Je fis la révérence aussi de mon côté.
Soudain il me refait une autre révérence;
Moi, j'en refais de même une autre en diligence :
Et lui d'une troisième aussitôt repartant,
D'une troisième aussi j'y repars à l'instant.
Il passe, vient, repasse, et toujours, de plus belle,
Me fait à chaque fois révérence nouvelle;
Et moi, qui tous ses tours fixement regardais,
Nouvelle révérence aussi je lui rendais :
Tant que, si sur ce point la nuit ne fût venue,
Toujours comme cela je me serais tenue,
Ne voulant point céder, ni recevoir l'ennui
Qu'il me pût estimer moins civile que lui.
ARNOLPHE. Fort bien.
AGNÈS.   Le lendemain, étant sur notre porte,
Une vieille m'aborde, en parlant de la sorte :
« Mon enfant, le bon Dieu puisse-t-il vous bénir,
» Et dans tous vos attraits longtemps vous maintenir!
» Il ne vous a pas faite une belle personne
» Afin de mal user des choses qu'il vous donne;
» Et vous devez savoir que vous avez blessé
» Un cœur qui de s'en plaindre est aujourd'hui forcé. »
ARNOLPHE *à part.* Ah! suppôt de Satan! exécrable damnée!
AGNÈS. Moi, j'ai blessé quelqu'un! fis-je tout étonnée.
« Oui, dit-elle, blessé, mais blessé tout de bon;
» Et c'est l'homme qu'hier vous vîtes du balcon. »
Hélas! qui pourrait, dis-je, en avoir été cause?
Sur lui, sans y penser, fis-je choir quelque chose?
« Non, dit-elle; vos yeux ont fait ce coup fatal,
» Et c'est de leurs regards qu'est venu tout son mal. »
Hé! mon Dieu! ma surprise est, fis-je, sans seconde;
Mes yeux ont-ils du mal pour en donner au monde?
« Oui, fit-elle, vos yeux, pour causer le trépas,
» Ma fille, ont un venin que vous ne savez pas.
» En un mot, il languit, le pauvre misérable;
» Et s'il faut, poursuivit la vieille charitable,
» Que votre cruauté lui refuse un secours,
» C'est un homme à porter en terre dans deux jours. »
Mon Dieu! j'en aurais, dis-je, une douleur bien grande.
Mais pour le secourir qu'est-ce qu'il me demande?
« Mon enfant, me dit-elle, il ne veut obtenir
» Que le bien de vous voir et vous entretenir;
» Vos yeux peuvent eux seuls empêcher sa ruine,
» Et du mal qu'ils ont fait être la médecine. »
Hélas! volontiers, dis-je, et puisqu'il est ainsi,
Il peut, tant qu'il voudra, me venir voir ici.
ARNOLPHE *à part.* Ah! sorcière maudite, empoisonneuse d'âmes,
Puisse l'enfer payer tes charitables trames!
AGNÈS. Voilà comme il me vit, et reçut guérison.
Vous-même, à votre avis, n'ai-je pas eu raison?
Et pouvais-je, après tout, avoir la conscience
De le laisser mourir faute d'une assistance?
Moi qui compatis tant aux gens qu'on fait souffrir,
Et ne puis, sans pleurer, voir un poulet mourir!
ARNOLPHE *bas à part.* Tout cela n'est parti que d'une âme innocente;
Et j'en dois accuser mon absence imprudente,
Qui sans guide a laissé cette bonté de mœurs
Exposée aux aguets des rusés séducteurs.
Je crains que le pendard, dans ses vœux téméraires,
Un peu plus fort que jeu n'ait poussé les affaires.
AGNÈS. Qu'avez-vous? Vous grondez, ce me semble, un petit?
Est-ce que c'est mal fait ce que je vous ai dit?
ARNOLPHE. Non. Mais de cette vue apprenez-moi les suites,

Et comme le jeune homme a passé ses visites.
AGNÈS. Hélas! si vous saviez comme il était ravi,
Comme il perdit son mal sitôt que je le vi,
Le présent qu'il m'a fait d'une belle cassette,
Et l'argent qu'en ont eu notre Alain et Georgette,
Vous l'aimeriez sans doute, et diriez comme nous.
ARNOLPHE. Oui. Mais que faisait-il étant seul avec vous?
AGNÈS. Il disait qu'il m'aimait d'une amour sans seconde,
Et me disait des mots les plus gentils du monde,
Des choses que jamais rien ne peut égaler,
Et dont, toutes les fois que je l'entends parler,
La douceur me chatouille, et là-dedans remue
Certain je ne sais quoi dont je suis tout émue.
ARNOLPHE *bas à part.* O fâcheux examen d'un mystère fatal,
Où l'examinateur souffre seul tout le mal!
         (*Haut.*)
Outre tous ces discours, toutes ces gentillesses,
Ne vous faisait-il point aussi quelques caresses?
AGNÈS. Oh tant! il me prenait et les mains et les bras,
Et de me les baiser il n'était jamais las.
ARNOLPHE. Ne vous a-t-il point pris, Agnès, quelque autre chose?
         (*La voyant interdite.*)
Ouf!
AGNÈS.   Hé! il m'a...
ARNOLPHE.   Quoi?
AGNÈS.   pris...
ARNOLPHE.   Hé!
AGNÈS.   le...
ARNOLPHE.   Plaît-il?
AGNÈS.   Je n'ose.
Et vous vous fâcheriez peut-être contre moi.
ARNOLPHE. Non.
AGNÈS.   Si fait.
ARNOLPHE.   Mon Dieu! non.
AGNÈS.   Jurez donc votre foi.
ARNOLPHE. Ma foi, soit.
AGNÈS.   Il m'a pris... Vous serez en colère.
ARNOLPHE. Non.
AGNÈS.   Si.
ARNOLPHE. Non, non, non, non. Diantre! que de mystère!
Qu'est-ce qu'il vous a pris?
AGNÈS.   Il...
ARNOLPHE *à part.*   Je souffre en damné.
AGNÈS. Il m'a pris le ruban que vous m'aviez donné.
A vous dire le vrai, je n'ai pu m'en défendre.
ARNOLPHE *reprenant haleine.*
Passe pour le ruban. Mais je voulais apprendre
S'il ne vous a rien fait que vous baiser les bras.
AGNÈS. Comment! est-ce qu'on fait d'autres choses?
ARNOLPHE.   Non pas.
Mais, pour guérir du mal qu'il dit qu'il le possède,
N'a-t-il pas exigé de vous d'autre remède?
AGNÈS. Non. Vous pouvez juger, s'il en eût demandé,
Que pour le secourir j'aurais tout accordé.
ARNOLPHE *bas à part.*
Grâce aux bontés du ciel, j'en suis quitte à bon compte :
Si j'y retombe plus, je veux bien qu'on m'affronte.
         (*Haut.*)
Chut! De votre innocence, Agnès, c'est un effet;
Je ne vous en dis mot. Ce qui s'est fait est fait.
Je sais que vous flattant le galant ne désire
Que de vous abuser, et puis après s'en rire.
AGNÈS. Oh! point. Il me l'a dit plus de vingt fois, à moi.
ARNOLPHE. Ah! vous ne savez pas ce que c'est que sa foi.
Mais enfin apprenez qu'accepter des cassettes
Et de ces beaux blondins écouter les sornettes,
Que se laisser par eux, à force de langueur,
Baiser ainsi les mains et chatouiller le cœur,
Est un péché mortel des plus gros qu'il se fasse.
AGNÈS. Un péché, dites-vous! Et la raison, de grâce?
ARNOLPHE. La raison? La raison est l'arrêt prononcé
Que par ces actions le ciel est courroucé.
AGNÈS. Courroucé! Mais pourquoi faut-il qu'il s'en courrouce?
C'est une chose, hélas! si plaisante et si douce!
J'admire quelle joie on goûte à tout cela,
Et je ne savais point encor ces choses-là.
ARNOLPHE. Oui, c'est un grand plaisir que toutes ces tendresses,
Ces propos si gentils et ces douces caresses;
Mais il faut le goûter en toute honnêteté,
Et qu'en se mariant le crime en soit ôté.
AGNÈS. N'est-ce plus un péché lorsque l'on se marie?
ARNOLPHE. Non.
AGNÈS.   Mariez-moi donc promptement, je vous prie.
ARNOLPHE. Si vous le souhaitez, je le souhaite aussi;
Et pour vous marier on me revoit ici.

AGNÈS. Est-il possible?
ARNOLPHE.   Oui.
AGNÈS.   Que vous me ferez aise!
ARNOLPHE. Oui, je ne doute point que l'hymen ne vous plaise.
AGNÈS. Vous nous voulez nous deux...?
ARNOLPHE.   Rien de plus assuré.
AGNÈS. Que, si cela se fait, je vous caresserai!
ARNOLPHE. Hé! la chose sera de ma part réciproque.
AGNÈS. Je ne reconnais point, pour moi, quand on se moque;
    Parlez-vous tout de bon?
ARNOLPHE.   Oui, vous le pourrez voir.
AGNÈS. Nous serons mariés?
ARNOLPHE.   Oui.
AGNÈS.   Mais quand?
ARNOLPHE.   Dès ce soir.
AGNÈS *riant*. Dès ce soir?
ARNOLPHE.   Dès ce soir. Cela vous fait donc rire?
AGNÈS. Oui.
ARNOLPHE. Vous voir bien contente est ce que je désire.
AGNÈS. Hélas! que je vous ai grande obligation,
    Et qu'avec lui j'aurai de satisfaction!
ARNOLPHE. Avec qui?
AGNÈS.   Avec... la...
ARNOLPHE.   La... la n'est pas mon compte.
    A choisir un mari vous êtes un peu prompte.
    C'est un autre, en un mot, que je vous tiens tout prêt.
    Et quant au monsieur la, je prétends, s'il vous plaît,
    Dût le mettre au tombeau le mal dont il vous berce,
    Qu'avec lui désormais vous rompiez tout commerce;
    Que, venant au logis, pour votre compliment
    Vous lui fermiez au nez la porte honnêtement,
    Et, lui jetant, s'il heurte, un grès par la fenêtre,
    L'obligiez tout de bon à ne plus y paraître.
    M'entendez-vous, Agnès? Moi, caché dans un coin,
    De votre procédé je serai le témoin.
AGNÈS. Las! il est si bien fait! C'est...
ARNOLPHE.   Ah! que de langage!
AGNÈS. Je n'aurai pas le cœur...
ARNOLPHE.   Point de bruit davantage.
    Montez là-haut.
AGNÈS.   Mais quoi! voulez-vous...
ARNOLPHE.   C'est assez.
    Je suis maître, je parle; allez, obéissez.

ACTE TROISIÈME.

SCÈNE I.

ARNOLPHE, AGNÈS, ALAIN, GEORGETTE.

ARNOLPHE. Oui, tout a bien été, ma joie est sans pareille :
    Vous avez là suivi mes ordres à merveille,
    Confondu de tout point le blondin séducteur;
    Et voilà de quoi sert un sage directeur.
    Votre innocence, Agnès, avait été surprise :
    Voyez, sans y penser, où vous vous étiez mise.
    Vous enfiliez tout droit, sans mon instruction,
    Le grand chemin d'enfer et de perdition.
    De tous ces damoiseaux on sait trop les coutumes :
    Ils ont de beaux canons, force rubans et plumes,
    Grands cheveux, belles dents, et des propos fort doux;
    Mais, comme je vous dis, la griffe est là-dessous,
    Et ce sont vrais satans, dont la gueule altérée
    De l'honneur féminin cherche à faire curée.
    Mais encore une fois, grâce au soin apporté,
    Vous en êtes sortie avec honnêteté.
    L'air dont je vous ai vu lui jeter cette pierre,
    Qui de tous ses desseins a mis l'espoir par terre,
    Me confirme encor mieux à ne point différer
    Les noces où j'ai dit qu'il vous faut préparer.
    Mais, avant toute chose, il est bon de vous faire
    Quelque petit discours qui vous soit salutaire.
            (*A Georgette et à Alain.*)
    Un siège au frais ici. Vous, si jamais en rien...
GEORGETTE. De toutes vos leçons nous nous souviendrons bien.
    Cet autre monsieur-là nous en faisait accroire :
    Mais...
ALAIN.   S'il entre jamais, je veux jamais ne boire.
    Aussi bien est-ce un sot, il nous a l'autre fois
    Donné deux écus d'or qui n'étaient pas de poids.
ARNOLPHE. Ayez donc pour souper tout ce que je désire;
    Et pour notre contrat, comme je viens de dire,
    Faites venir ici, l'un ou l'autre, au retour,
    Le notaire qui loge au coin du carrefour.

SCÈNE II.

ARNOLPHE, AGNÈS.

ARNOLPHE *assis*. Agnès, pour m'écouter, laissez là votre ouvrage :
    Levez un peu la tête, et tournez le visage :
        (*Mettant le doigt sur son front.*)
    Là, regardez-moi là durant cet entretien;
    Et, jusqu'au moindre mot, imprimez-le-vous bien.
    Je vous épouse, Agnès; et, cent fois la journée,
    Vous devez bénir l'heur de votre destinée,
    Contempler la bassesse où vous avez été,
    Et dans le même temps admirer ma bonté,
    Qui de ce vil état de pauvre villageoise
    Vous fait monter au rang d'honorable bourgeoise,
    Et jouir de la couche et des embrassements
    D'un homme qui fuyait tous ces engagements,
    Et dont à vingt partis fort capables de plaire
    Le cœur a refusé l'honneur qu'il vous veut faire.
    Vous devez toujours, dis-je, avoir devant les yeux
    Le peu que vous étiez sans ce nœud glorieux,
    Afin que cet objet d'autant mieux vous instruise
    A mériter l'état où je vous aurai mise,
    A toujours vous connaître, et faire qu'à jamais
    Je puisse me louer de l'acte que je fais.
    Le mariage, Agnès, n'est pas un badinage :
    A d'austères devoirs le rang de femme engage;
    Et vous n'y montez pas, à ce que je prétends,
    Pour être libertine et prendre du bon temps.
    Votre sexe n'est là que pour la dépendance :
    Du côté de la barbe est la toute-puissance.
    Bien qu'on soit deux moitiés de la société,
    Ces deux moitiés pourtant n'ont point d'égalité :
    L'une est moitié suprême, et l'autre subalterne,
    L'une en tout est soumise à l'autre qui gouverne;
    Et ce que le soldat dans son devoir instruit
    Montre d'obéissance au chef qui le conduit,
    Le valet à son maître, un enfant à son père,
    A son supérieur le moindre petit frère,
    N'approche point encor de la docilité,
    Et de l'obéissance, et de l'humilité,
    Et du profond respect où la femme doit être
    Pour son mari, son chef, son seigneur et son maître.
    Lorsqu'il jette sur elle un regard sérieux,
    Son devoir aussitôt est de baisser les yeux,
    Et de lui jamais le regarder en face,
    Que quand d'un doux regard il lui veut faire grâce.
    C'est ce qu'entendent mal les femmes d'aujourd'hui :
    Mais ne vous gâtez pas sur l'exemple d'autrui.
    Gardez-vous d'imiter ces coquettes vilaines
    Dont par toute la ville on chante les fredaines,
    Et de vous laisser prendre aux assauts du malin,
    C'est-à-dire de n'ouïr aucun jeune blondin.
    Songez qu'en vous faisant moitié de ma personne,
    C'est mon honneur, Agnès, que je vous abandonne;
    Que cet honneur est tendre et se blesse de peu,
    Que sur un tel sujet il ne faut point de jeu,
    Et qu'il est aux enfers des chaudières bouillantes
    Où l'on plonge à jamais les femmes mal vivantes.
    Ce que je vous dis là ne sont pas des chansons;
    Et vous devez du cœur dévorer ces leçons.
    Si votre âme les suit et fuit d'être coquette,
    Elle sera toujours, comme un lis, blanche et nette :
    Mais s'il faut qu'à l'honneur elle fasse un faux bond,
    Elle deviendra lors noire comme un charbon;
    Vous paraîtrez à tous un objet effroyable,
    Et vous irez un jour, vrai partage du diable,
    Bouillir dans les enfers à toute éternité,
    Dont vous veuille garder la céleste bonté!
    Faites la révérence. Ainsi qu'une novice
    Par cœur dans le couvent doit savoir son office,
    Entrant au mariage il en faut faire autant;
    Et voici dans ma poche un écrit important
    Qui vous enseignera l'office de la femme.
    J'en ignore l'auteur, mais c'est quelque bonne âme;
    Et je veux que ce soit votre unique entretien.
        (*Il se lève.*)
    Tenez. Voyons un peu si vous le lirez bien.
AGNÈS *lit*.

LES MAXIMES DU MARIAGE,
ou
LES DEVOIRS DE LA FEMME MARIÉE,
AVEC SON EXERCICE JOURNALIER.

PREMIÈRE MAXIME.

    Celle qu'un lien honnête
    Fait entrer au lit d'autrui

Doit se mettre dans la tête,
Malgré le train d'aujourd'hui,
Que l'homme qui la prend ne la prend que pour lui.

ARNOLPHE. Je vous expliquerai ce que cela veut dire :
Mais pour l'heure présente il ne faut rien que lire.

Agnès poursuit.

DEUXIÈME MAXIME.

Elle ne se doit parer
Qu'autant que peut désirer
Le mari qui la possède :
C'est lui que touche seul le soin de sa beauté ;
Et pour rien doit être compté
Que les autres la trouvent laide.

TROISIÈME MAXIME.

Loin ces études d'œillades,
Ces eaux, ces blancs, ces pommades,
Et mille ingrédients qui font des teints fleuris :
A l'honneur, tous les jours, ce sont drogues mortelles ;
Et les soins de paraître belles
Se prennent peu pour les maris.

QUATRIÈME MAXIME.

Sous sa coiffe en sortant, comme l'honneur l'ordonne,
Il faut que de ses yeux elle étouffe les coups ;
Car, pour bien plaire à son époux,
Elle ne doit plaire à personne.

CINQUIÈME MAXIME.

Hors ceux dont au mari la visite se rend,
La bonne règle défend
De recevoir aucune âme :
Ceux qui de galante humeur
N'ont affaire qu'à madame
N'accommodent pas monsieur.

SIXIÈME MAXIME.

Il faut des présents des hommes
Qu'elle se défende bien ;
Car, dans le siècle où nous sommes,
On ne donne rien pour rien.

SEPTIÈME MAXIME.

Dans ses meubles, dût-elle en avoir de l'ennui,
Il ne faut écritoire, encre, papier, ni plumes :
Le mari doit, dans les bonnes coutumes,
Écrire tout ce qui s'écrit chez lui.

HUITIÈME MAXIME.

Ces sociétés déréglées
Qu'on nomme belles assemblées,
Des femmes tous les jours corrompent les esprits :
En bonne politique on les doit interdire ;
Car c'est là que l'on conspire
Contre les pauvres maris.

NEUVIÈME MAXIME.

Toute femme qui veut à l'honneur se vouer
Doit se défendre de jouer,
Comme d'une chose funeste :
Car le jeu, fort décevant,
Pousse une femme souvent
A jouer de tout son reste.

DIXIÈME MAXIME.

Des promenades du temps,
Ou repas qu'on donne aux champs,
Il ne faut point qu'elle essaie :
Selon les prudents cerveaux,
Le mari dans ces cadeaux
Est toujours celui qui paie.

ONZIÈME MAXIME.

ARNOLPHE. Vous achèverez seule ; et, pas à pas, tantôt
Je vous expliquerai ces choses comme il faut.
Je me suis souvenu d'une petite affaire :
Je n'ai qu'un mot à dire, et ne tarderai guère.
Rentrez, et conservez ce livre chèrement.
Si le notaire vient, qu'il m'attende un **moment.**

SCÈNE III.

ARNOLPHE *seul.*

Je ne puis faire mieux que d'en faire ma femme.
Ainsi que je voudrai je tournerai cette âme ;
Comme un morceau de cire entre mes mains elle est,
Et je lui puis donner la forme qui me plaît.
Il s'en est peu fallu que, durant mon absence,
On ne m'ait attrapé par son trop d'innocence ;
Mais il vaut beaucoup mieux, à dire vérité,
Que la femme qu'on a pèche de ce côté.
De ces sortes d'erreurs le remède est facile.
Toute personne simple aux leçons est docile ;
Et, si du bon chemin on la fait écarter,
Deux mots incontinent l'y peuvent rejeter.
Mais une femme habile est bien une autre bête :
Notre sort ne dépend que de sa seule tête,
De ce qu'elle s'y met rien ne la fait gauchir,
Et nos enseignements ne font là que blanchir :
Son bel esprit lui sert à railler nos maximes,
A se faire souvent des vertus de ses crimes,
Et trouver, pour venir à ses coupables fins,
Des détours à duper l'adresse des plus fins.
Pour se parer du coup en vain on se fatigue :
Une femme d'esprit est un diable en intrigue ;
Et, dès que son caprice a prononcé tout bas
L'arrêt de notre honneur, il faut passer le pas :
Beaucoup d'honnêtes gens en pourraient bien que dire.
Enfin mon étourdi n'aura pas lieu d'en rire :
Par son trop de caquet il a ce qu'il lui faut.
Voilà de nos Français l'ordinaire défaut :
Dans la possession d'une bonne fortune,
Le secret est toujours ce qui les importune ;
Et la vanité sotte a pour eux tant d'appas,
Qu'ils se pendraient plutôt que de ne causer pas.
Oh ! que les femmes sont du diable bien tentées
Lorsqu'elles vont choisir ces têtes éventées !
Et que... Mais le voici : cachons-nous toujours bien,
Et découvrons un peu quel chagrin est le sien.

SCÈNE IV.

HORACE, ARNOLPHE.

HORACE. Je reviens de chez vous, et le destin me montre
Qu'il n'a pas résolu que je vous y rencontre.
Mais j'irai tant de fois, qu'enfin quelque moment...
ARNOLPHE. Hé ! mon Dieu ! n'entrons point dans ce vain compliment :
Rien ne me fâche tant que ces cérémonies ;
Et, si l'on m'en croyait, elles seraient bannies.
C'est un maudit usage ; et la plupart des gens
Y perdent sottement les deux tiers de leur temps.
(Il se couvre.)
Mettons donc sans façon. Hé bien ! vos amourettes,
Puis-je, seigneur Horace, apprendre où vous en êtes ?
J'étais tantôt distrait par quelque vision ;
Mais depuis là-dessus j'ai fait réflexion.
De vos premiers progrès j'admire la vitesse,
Et dans l'événement mon âme s'intéresse.
HORACE. Ma foi, depuis qu'à vous s'est découvert mon cœur,
Il est à mon amour arrivé du malheur.
ARNOLPHE. Oh ! oh ! comment cela ?
HORACE. La fortune cruelle
A ramené des champs le patron de la belle.
ARNOLPHE. Quel malheur !
HORACE. Et de plus, à mon très-grand regret,
Il a su de nous deux le commerce secret.
ARNOLPHE. D'où diantre a-t-il sitôt appris cette aventure ?
HORACE. Je ne sais : mais enfin c'est une chose sûre.
Je pensais aller rendre, à mon heure à peu près,
Ma petite visite à ses jeunes attraits,
Lorsque, changeant pour moi de ton et de visage,
Et servante, et valet m'ont bouché le passage,
Et d'un *Retirez-vous, vous nous importunez,*
M'ont assez rudement fermé la porte au nez.
ARNOLPHE. La porte au nez !
HORACE. Au nez.
ARNOLPHE. La chose est un peu forte.
HORACE. J'ai voulu leur parler au travers de la porte ;
Mais à tous mes propos ce qu'ils ont répondu,
C'est : *Vous n'entrerez point, monsieur l'a défendu.*
ARNOLPHE. Ils n'ont donc point ouvert ?
HORACE. Non. Et de la fenêtre
Agnès m'a confirmé le retour de ce maître,
En me chassant de là d'un ton plein de fierté,
Accompagné d'un grès que sa main a jeté.
ARNOLPHE. Comment ! d'un grès !
HORACE. D'un grès de taille non petite,
Dont on a par ses mains régalé ma visite.
ARNOLPHE. Diantre ! ce ne sont pas des prunes que cela !
Et je trouve fâcheux l'état où vous voilà.
HORACE. Il est vrai, je suis mal par ce retour funeste.
ARNOLPHE. Certes j'en suis fâché pour vous, je vous proteste.
HORACE. Cet homme me rompt tout.
ARNOLPHE. Oui : mais cela n'est rien ;

Et de vous raccrocher vous trouverez moyen.
HORACE. Il faut bien essayer, par quelque intelligence,
De vaincre du jaloux l'exacte vigilance.
ARNOLPHE. Cela vous est facile; et la fille, après tout,
Vous aime?
HORACE. Assurément.
ARNOLPHE. Vous en viendrez à bout.
HORACE. Je l'espère.
ARNOLPHE. Le grès vous a mis en déroute;
Mais cela ne doit pas vous étonner.
HORACE. Sans doute,
Et j'ai compris d'abord que mon homme était la,
Qui, sans se faire voir, conduisait tout cela.
Mais ce qui m'a surpris, et qui va vous surprendre,
C'est un autre incident que vous allez entendre;
Un trait hardi qu'a fait cette jeune beauté,
Et qu'on n'attendrait point de sa simplicité.
Il le faut avouer, l'amour est un grand maître.
Ce qu'on ne fut jamais il nous enseigne à l'être;
Et souvent de nos mœurs l'absolu changement
Devient par ses leçons l'ouvrage d'un moment.
De la nature en nous il force les obstacles,
Et ses effets soudains ont de l'air des miracles.
D'un avare à l'instant il fait un libéral,
Un vaillant d'un poltron, un civil d'un brutal;
Il rend agile à tout l'âme la plus pesante,
Et donne de l'esprit à la plus innocente.
Oui, ce dernier miracle éclate dans Agnès;
Car, tranchant avec moi par ces termes exprès,
« Retirez-vous, mon âme aux visites renonce,
» Je sais tous vos discours, et voilà ma réponse, »
Cette pierre, ou ce grès, dont vous vous étonniez
Avec un mot de lettre est tombée à mes pieds ;
Et j'admire de voir cette lettre ajustée
Avec le sens des mots et la pierre jetée.
D'une telle action n'êtes-vous pas surpris?
L'amour sait-il pas l'art d'aiguiser les esprits?
Et peut-on me nier que ses flammes puissantes
Ne fassent dans un cœur des choses étonnantes?
Que dites-vous du tour et de ce mot d'écrit?
Hé! n'admirez-vous point cette adresse d'esprit?
Trouvez-vous pas plaisant de voir quel personnage
A joué mon jaloux dans tout ce badinage?
Dites?
ARNOLPHE. Oui, fort plaisant.
HORACE. Riez-en donc un peu.
(*Arnolphe rit d'un air forcé.*)
Cet homme gendarmé d'abord contre mon feu,
Qui chez lui se retranche, et de grès fait parade,
Comme si j'y voulais entrer par escalade;
Qui pour me repousser, dans son bizarre effroi,
Anime du dedans tous ses gens contre moi,
Et qui abuse à ses yeux, par sa machine même,
Celle qu'il veut tenir dans l'ignorance extrême!
Pour moi, je vous l'avoue, encor que son retour
En un grand embarras jette ici mon amour,
Je tiens cela plaisant, autant qu'on saurait dire :
Je ne puis y songer sans de bon cœur en rire;
Et vous n'en riez pas assez, à mon avis.
ARNOLPHE *avec un ris forcé.* — Pardonnez-moi, j'en ris tout autant que
HORACE. Mais il faut qu'en ami je vous montre sa lettre. [je puis.
Tout ce que son cœur sent, sa main a su l'y mettre,
Mais en termes touchants et tout pleins de bonté,
De tendresse innocente et d'ingénuité,
De la manière enfin que la pure nature
Exprime de l'amour la première blessure.
ARNOLPHE *bas à part.* — Voilà, friponne, à quoi l'écriture se sert ;
Et, contre mon dessein, l'art t'en fut découvert.
HORACE *lit :*

« Je veux vous écrire, et je suis en bien en peine par où je m'y prendrai. J'ai
» des pensées que je désirerais que vous sussiez; mais je ne sais comment faire
» pour vous les dire, et je me défie de mes paroles. Comme je commence à con-
» naître qu'on m'a toujours tenue dans l'ignorance, j'ai peur de mettre quelque
» chose qui ne soit pas bien et d'en dire plus que je ne devrais. En vérité, je ne
» sais ce que vous m'avez fait; mais je sens que je suis fâchée à mourir de ce
» qu'on me fait faire contre vous, que j'aurai toutes les peines du monde à me
» passer de vous, et que je serais bien aise d'être à vous. Peut-être qu'il y a du
» mal à dire cela, mais enfin je ne puis m'empêcher de le dire, et je voudrais
» que cela se pût faire sans qu'il y en eût. On me dit fort que tous les jeunes
» hommes sont des trompeurs, qu'il ne les faut point écouter, et que tout ce que
» vous me dites n'est que pour m'abuser : mais je vous assure que je n'ai pu
» encore me figurer cela de vous; et je suis si touchée de vos paroles, que je ne
» saurais croire qu'elles soient menteuses. Dites-moi franchement ce qui en est :
» car enfin, comme je suis sans malice, vous auriez le plus grand tort du monde
» si vous me trompiez, et je pense que j'en mourrais de déplaisir. »

ARNOLPHE *à part.* — Hon! chienne!
HORACE. Qu'avez-vous?
ARNOLPHE. Moi? rien. C'est que je tousse.
HORACE. Avez-vous jamais vu d'expression plus douce?
Malgré les soins maudits d'un injuste pouvoir,
Un plus beau naturel se peut-il faire voir?
Et n'est-ce pas sans doute un crime punissable
De gâter méchamment ce fonds d'âme admirable,
D'avoir dans l'ignorance et la stupidité
Voulu de cet esprit étouffer la clarté?
L'amour a commencé d'en déchirer le voile ;
Et si, par la faveur de quelque bonne étoile,
Je puis, comme j'espère, à ce franc animal,
Ce traître, ce bourreau, ce faquin, ce brutal...
ARNOLPHE. Adieu.
HORACE. Comment! si vite?
ARNOLPHE. Il m'est dans la pensée
Venu tout maintenant une affaire pressée.
HORACE. Mais ne sauriez-vous point, comme on la tient de près,
Qui dans cette maison pourrait avoir accès?
J'en use sans scrupule; et ce n'est pas merveille
Qu'on se puisse, entre amis, servir à la pareille.
Je n'ai plus là-dedans que gens pour m'observer ;
Et servante et valet, que je viens de trouver,
N'ont jamais, de quelque air que je m'y sois pu prendre,
Adouci leur rudesse à me vouloir entendre.
J'avais pour de tels coups certaine vieille en main,
D'un génie, à vrai dire, au-dessus de l'humain :
Elle m'a dans l'abord servi de bonne sorte;
Mais, depuis quatre jours, la pauvre femme est morte.
Ne me pourriez-vous point ouvrir quelque moyen?
ARNOLPHE. Non, vraiment; et sans moi vous en trouverez bien.
HORACE. Adieu donc. Vous voyez ce que je vous confie.

SCÈNE V.

ARNOLPHE *seul.*

Comme il faut devant lui que je me mortifie!
Quelle peine à cacher mon déplaisir cuisant!
Quoi! pour une innocente un esprit si présent!
Elle a feint d'être telle à mes yeux, la traîtresse,
Ou le diable à son âme a soufflé cette adresse.
Enfin me voilà mort par ce funeste écrit.
Je vois qu'il a, le traître, empaumé son esprit,
Qu'à ma suppression il s'est ancré chez elle;
Et c'est mon désespoir et ma peine mortelle.
Je souffre doublement dans le vol de son cœur;
Et l'amour y pâtit aussi bien que l'honneur.
J'enrage de trouver cette place usurpée,
Et j'enrage de voir ma prudence trompée.
Je sais que, pour punir son amour libertin,
Je n'ai qu'à laisser faire à son mauvais destin.
Que je serai vengé d'elle par elle-même ;
Mais il est bien fâcheux de perdre ce qu'on aime.
Ciel! puisque pour un choix j'ai tant philosophé,
Faut-il de ses appas m'être si fort coiffé?
Elle n'a ni parents, ni support, ni richesse;
Elle trahit mes soins, mes bontés, ma tendresse :
Et cependant je l'aime, après ce lâche tour,
Jusqu'à ne me pouvoir passer de cet amour.
Sot! n'as-tu point de honte? Ah! je crève, j'enrage,
Et je souffletterais mille fois mon visage.
Je veux entrer un peu, mais seulement pour voir
Quelle est sa contenance après un trait si noir.
Ciel, faites que mon front soit exempt de disgrâce;
Ou bien, s'il est écrit qu'il faille que j'y passe,
Donnez-moi tout au moins, pour de tels accidents,
La constance qu'on voit à de certaines gens!

ACTE QUATRIÈME.

SCÈNE I.

ARNOLPHE.

J'ai peine, je l'avoue, à demeurer en place,
Et de mille soucis mon esprit s'embarrasse,
Pour pouvoir mettre un ordre et dedans et dehors
Qui du godelureau rompe tous les efforts.
De quel œil la traîtresse a soutenu ma vue!
De tout ce qu'elle a fait elle n'est point émue;
Et, bien qu'elle me mette à deux doigts du trépas,
On dirait, à la voir, qu'elle n'y touche pas.

Plus, en la regardant, je la voyais tranquille,
Plus je sentais en moi s'échauffer une bile ;
Et ces bouillants transports dont s'enflammait mon cœur
Y semblaient redoubler mon amoureuse ardeur.
J'étais aigri, fâché, désespéré contre elle,
Et cependant jamais je ne la vis si belle,
Jamais ses yeux aux miens n'ont paru si perçants,
Jamais je n'eus pour eux des désirs si pressants ;
Et je sens là-dedans qu'il faudra que je crève
Si de mon triste sort la disgrâce s'achève.

ACTE I, SCÈNE II.
ARNOLPHE.   Qui vous apprend, impertinente bête,
A parler devant moi, le chapeau sur la tête?

Quoi ! j'aurai dirigé son éducation
Avec tant de tendresse et de précaution,
Je l'aurai fait passer chez moi dès son enfance,
Et j'en aurai chéri la plus tendre espérance,
Mon cœur aura bâti sur ses attraits naissants,
Et cru la mitonner pour moi durant treize ans,
Afin qu'un jeune fou dont elle s'amourache
Me la vienne enlever jusque sur la moustache,
Lorsqu'elle est avec moi mariée à demi !
Non, parbleu ! non, parbleu ! Petit sot mon ami,
Vous aurez beau tourner, ou j'y perdrai mes peines,
Ou je rendrai, ma foi ! vos espérances vaines,
Et de moi tout à fait vous ne vous rirez point.

SCÈNE II.
UN NOTAIRE, ARNOLPHE.

LE NOTAIRE. Ah ! le voilà ! Bonjour. Me voici tout à point
     Pour dresser le contrat que vous souhaitez faire.
ARNOLPHE *se croyant seul et sans voir ni entendre le notaire.*
     Comment faire ?
LE NOTAIRE.   Il le faut dans la forme ordinaire.
ARNOLPHE *se croyant seul.* A mes précautions je veux songer de près.
LE NOTAIRE. Je ne passerai rien contre vos intérêts.
ARNOLPHE *se croyant seul.* Il se faut garantir de toutes les surprises.
LE NOTAIRE. Suffit qu'entre mes mains vos affaires soient mises.
     Il ne vous faudra point, de peur d'être déçu,
     Quittancer le contrat que vous n'ayez reçu.
ARNOLPHE *se croyant seul.* J'ai peur, si je vais faire éclater quelque chose,
     Que de cet incident par la ville on ne cause.
LE NOTAIRE. Hé bien ! il est aisé d'empêcher cet éclat,
     Et l'on peut en secret faire votre contrat.
ARNOLPHE *se croyant seul.* Mais comment faudra-t-il qu'avec elle j'en
LE NOTAIRE. Le douaire se règle au bien qu'on vous apporte. [sorte?
ARNOLPHE *se croyant seul.* Je l'aime, et cet amour est mon grand
LE NOTAIRE. On peut avantager une femme en ce cas. [embarras.

ARNOLPHE *se croyant seul.* Quel traitement lui faire en pareille aventure?
LE NOTAIRE. L'ordre est que le futur doit douer la future
     Du tiers de dot qu'elle a ; mais cet ordre n'est rien,
     Et l'on va plus avant lorsque l'on le veut bien.
ARNOLPHE *se croyant seul.* Si...
     (*Il aperçoit le notaire.*)
LE NOTAIRE.   Pour le préciput, il les regarde ensemble.
     Je dis que le futur peut, comme bon lui semble,
     Douer la future.
ARNOLPHE.   Hé !
LE NOTAIRE.   Il peut l'avantager
     Lorsqu'il l'aime beaucoup et qu'il veut l'obliger ;
     Et cela par douaire, ou préfix, qu'on appelle,
     Qui demeure perdu par le trépas d'icelle ;
     Ou sans retour, qui va de ladite à ses hoirs ;
     Ou coutumier, selon les différents vouloirs ;
     Ou par donation dans le contrat formelle,
     Qu'on fait ou pure ou simple, ou qu'on fait mutuelle.
     Pourquoi hausser le dos ? Est-ce qu'on parle en fat,
     Et que l'on ne sait pas les formes d'un contrat ?
     Qui me l'apprendra ? personne, je présume.
     Sais-je pas qu'étant joints on est par la coutume
     Communs en meubles, biens, immeubles et conquêts,
     A moins que par un acte on n'y renonce exprès ?
     Sais-je pas que le tiers du bien de la future
     Entre en communauté pour...?
ARNOLPHE.   Oui, c'est chose sûre,
     Vous savez tout cela : mais qui vous en dit mot ?
LE NOTAIRE. Vous, qui me prétendez faire passer pour sot,
     En me haussant l'épaule et faisant la grimace.

ACTE III, SCÈNE II.
ARNOLPHE. Je vous expliquerai ce que cela veut dire :
     Mais pour l'heure présente il ne faut rien que lire.

ARNOLPHE. La peste soit de l'homme et sa chienne de face !
     Adieu. C'est le moyen de vous faire finir.
LE NOTAIRE. Pour dresser un contrat m'a-t-on pas fait venir ?
ARNOLPHE. Oui, je vous ai mandé : mais la chose est remise,
     Et l'on mandera quand l'heure sera prise.
     Voyez quel diable d'homme avec son entretien !
LE NOTAIRE *seul.* — Je pense qu'il en tient, et je crois penser bien.

SCÈNE III.
LE NOTAIRE, ALAIN, GEORGETTE.

LE NOTAIRE *allant au-devant d'Alain et de Georgette.*
     M'êtes-vous pas venu quérir pour votre maître ?
ALAIN.   Oui.
LE NOTAIRE.   J'ignore pour qui ; vous le pouvez connaître :

Mais allez de ma part lui dire de ce pas
Que c'est un fou fieffé.
GEORGETTE.   Nous n'y manquerons pas.

SCÈNE IV.
ARNOLPHE, ALAIN, GEORGETTE.

ALAIN. Monsieur...
ARNOLPHE.   Approchez-vous; vous êtes mes fidèles,
Mes bons, mes vrais amis, et j'en sais des nouvelles.
ALAIN. Le notaire...
ARNOLPHE.   Laissons, c'est pour quelque autre jour.
On veut à mon honneur jouer d'un mauvais tour;
Et quel affront pour vous, mes enfants, pourrait-ce être,
Si l'on avait ôté l'honneur à votre maître!
Vous n'oseriez après paraître en nul endroit;
Et chacun, vous voyant, vous montrerait au doigt.
Donc, puisqu'autant que moi l'affaire vous regarde,
Il faut de votre part faire une telle garde
Que ce galant ne puisse en aucune façon...

Et voilà pour t'avoir, Georgette, un cotillon.
(*Ils tendent tous deux la main et prennent l'argent.*)

ACTE IV, SCÈNE IV.
ALAIN *le poussant.*   Hors d'ici.
ARNOLPHE.   Bon.

Ce n'est de mes bienfaits qu'un simple échantillon.
Toute la courtoisie enfin dont je vous presse,

ACTE III, SCÈNE IV.
HORACE. Cette pierre, ou ce grès, dont vous vous étonniez,
Avec un mot de lettre est tombée à mes pieds.

GEORGETTE. Vous nous avez tantôt montré notre leçon.
ARNOLPHE. Mais à ses beaux discours gardez bien de vous rendre.
ALAIN. Oh! vraiment!
GEORGETTE.   Nous savons comme il faut s'en défendre.
ARNOLPHE. S'il venait doucement: Alain, mon pauvre cœur,
Par un peu de secours soulage ma langueur...
ALAIN. Vous êtes un sot.
                         (*A Georgette.*)
ARNOLPHE.   Bon. Georgette, ma mignonne,
Tu me parais si douce et si bonne personne!...
GEORGETTE. Vous êtes un nigaud.
                         (*A Alain.*)
ARNOLPHE.   Bon. Quel mal trouves-tu
Dans un dessein honnête et tout plein de vertu?
ALAIN. Vous êtes un fripon.
                         (*A Georgette.*)
ARNOLPHE.   Fort bien. Ma mort est sûre,
Si tu ne prends pitié des peines que j'endure.
GEORGETTE. Vous êtes un benêt, un impudent.
ARNOLPHE.   Fort bien.
         (*A Alain.*)
Je ne suis pas un homme à vouloir rien pour rien;
Je sais, quand on me sert, en garder la mémoire;
Cependant par avance, Alain, voilà pour boire;

ACTE V, SCÈNE III.
AGNÈS. Non, vous ne m'aimez pas autant que je vous aime.

C'est que je puisse voir votre belle maîtresse.
GEORGETTE *le poussant.* A d'autres.
ARNOLPHE.   Bon cela.

ALAIN *le poussant.* Hors d'ici.
ARNOLPHE. Bon.
GEORGETTE *le poussant.* Mais tôt.
ARNOLPHE. Bon. Holà! c'est assez.
GEORGETTE. Fais-je pas comme il faut?
ALAIN. Est-ce de la façon que vous voulez l'entendre?
ARNOLPHE. Oui, fort bien; hors l'argent, qu'il ne fallait pas prendre.
GEORGETTE. Nous ne nous sommes pas souvenus de ce point.
ALAIN. Voulez-vous qu'à l'instant nous recommencions?
ARNOLPHE. Point.
Suffit. Rentrez tous deux.
ALAIN. Vous n'avez rien qu'à dire.
ARNOLPHE. Non, vous dis-je; rentrez, puisque je le désire.
Je vous laisse l'argent. Allez. Je vous rejoins.
Ayez bien l'œil à tout, et secondez mes soins.

SCÈNE V.
ARNOLPHE *seul.*

Je veux pour espion qui soit d'exacte vue
Prendre le savetier du coin de notre rue.
Dans la maison toujours je prétends la tenir,
Y faire bonne garde, et surtout en bannir
Vendeuses de rubans, perruquières, coiffeuses,
Faiseuses de mouchoirs, gantières, revendeuses,
Tous ces gens qui sous main travaillent chaque jour
A faire réussir les mystères d'amour.
Enfin j'ai vu le monde, et j'en sais les finesses.
Il faudra que mon homme ait de grandes adresses,
Si message ou poulet de sa part peut entrer.

SCÈNE VI.
HORACE, ARNOLPHE.

HORACE. La place m'est heureuse à vous y rencontrer.
Je viens de l'échapper bien belle, je vous jure.
Au sortir d'avec vous, sans prévoir l'aventure,
Seule dans ce balcon j'ai vu paraître Agnès,
Qui des arbres prochains prenait un peu le frais.
Après m'avoir fait signe, elle a su faire en sorte,
Descendant au jardin, de m'en ouvrir la porte:
Mais à peine tous deux dans sa chambre étions-nous,
Qu'elle a sur les degrés entendu son jaloux;
Et tout ce qu'elle a pu dans un tel accessoire,
C'est de me renfermer dans une grande armoire.
Il est entré d'abord: je ne le voyais pas,
Mais je l'oyais marcher, sans rien dire, à grands pas;
Poussant de temps en temps des soupirs pitoyables,
Et donnant quelquefois de grands coups sur les tables,
Frappant un petit chien qui pour lui s'émouvait,
Et jetant brusquement les hardes qu'il trouvait.
Il a même cassé, d'une main mutinée,
Des vases dont la belle ornait sa cheminée;
Et sans doute il faut bien qu'à ce becque-cornu
Du tour qu'elle a joué quelque jour soit venu.
Enfin, après vingt tours, ayant de la manière
Sur ce qui n'en peut mais déchargé sa colère,
Mon jaloux inquiet, sans dire son ennui,
Est sorti de la chambre, et moi de mon étui.
Nous n'avons point voulu, de peur du personnage,
Risquer à nous tenir ensemble davantage;
C'était trop hasarder: mais je dois cette nuit
Dans sa chambre un peu tard m'introduire sans bruit.
En toussant par trois fois je me ferai connaître;
Et je dois au signal voir ouvrir la fenêtre,
Dont, avec une échelle, et secondé d'Agnès,
Mon amour tâchera de me gagner l'accès.
Comme à mon seul ami, je veux bien vous l'apprendre;
L'allégresse du cœur s'augmente à la répandre;
Et, goûtât-on cent fois un bonheur tout parfait,
On n'en est pas content si quelqu'un ne le sait.
Vous prendrez part, je pense, à l'heur de mes affaires.
Adieu. Je vais songer aux choses nécessaires.

SCÈNE VII.
ARNOLPHE *seul.*

Quoi! l'astre qui s'obstine à me désespérer
Ne me donnera pas le temps de respirer!
Coup sur coup je verrai, par leur intelligence,
De mes soins vigilants confondre la prudence!
Et je serai la dupe, en ma maturité,
D'une jeune innocente et d'un jeune éventé!
En sage philosophe on m'a vu, vingt années,
Contempler des maris les tristes destinées,
Et m'instruire avec soin de tous les accidents
Qui font dans le malheur tomber les plus prudents;
Des disgrâces d'autrui profitant dans mon âme,
J'ai cherché les moyens, voulant prendre une femme,
De pouvoir garantir mon front de tous affronts,
Et le tirer du pair d'avec les autres fronts;
Pour ce noble dessein, j'ai cru mettre en pratique
Tout ce que peut trouver l'humaine politique:
Et, comme si du sort il était arrêté
Que nul homme ici-bas n'en serait exempté,
Après l'expérience et toutes les lumières
Que j'ai pu m'acquérir sur de telles matières,
Après vingt ans et plus de méditation
Pour me conduire en tout avec précaution,
De tant d'autres maris j'aurais quitté la trace
Pour me trouver après dans la même disgrâce!
Ah! bourreau de destin, vous en aurez menti.
De l'objet qu'on poursuit je suis encor nanti;
Si son cœur m'est volé par ce blondin funeste,
J'empêcherai du moins qu'on s'empare du reste;
Et cette nuit qu'on prend pour ce galant exploit
Ne se passera pas si doucement qu'on croit.
Ce m'est quelque plaisir, parmi tant de tristesse,
Que l'on me donne avis du piége qu'on me dresse,
Et que cet étourdi, qui veut m'être fatal,
Fasse son confident de son propre rival.

SCÈNE VIII.
CHRYSALDE, ARNOLPHE.

CHRYSALDE. Hé bien! souperons-nous avant la promenade?
ARNOLPHE. Non. Je jeûne ce soir.
CHRYSALDE. D'où vient cette boutade?
ARNOLPHE. De grâce, excusez-moi, j'ai quelque autre embarras.
CHRYSALDE. Votre hymen résolu ne se fera-t-il pas?
ARNOLPHE. C'est trop s'inquiéter des affaires des autres.
CHRYSALDE. Oh! oh! si brusquement! quels chagrins sont les vôtres?
Serait-il point, compère, à votre passion
Arrivé quelque peu de tribulation?
Je le jurerais presque, à voir votre visage.
ARNOLPHE. Quoi qu'il m'arrive, au moins aurai-je l'avantage
De ne pas ressembler à de certaines gens
Qui souffrent doucement l'approche des galants.
CHRYSALDE. C'est un étrange fait, qu'avec tant de lumières
Vous vous effarouchiez toujours sur ces matières,
Qu'en cela vous mettiez le souverain bonheur,
Et ne conceviez point au monde d'autre honneur!
Être avare, brutal, fourbe, méchant et lâche
N'est rien à votre avis, auprès de cette tache;
Et, de quelque façon qu'on puisse avoir vécu,
On est homme d'honneur quand on n'est point cocu.
A le bien prendre au fond, pourquoi voulez-vous croire
Que de ce cas fortuit dépende notre gloire,
Et qu'une âme bien née ait à se reprocher
L'injustice d'un mal qu'on ne peut empêcher?
Pourquoi voulez-vous, dis-je, en prenant une femme
Qu'on soit digne, à votre choix, de louange ou de blâme,
Et qu'on s'aille former un monstre plein d'effroi
De l'affront que nous fait son manquement de foi?
Mettez-vous dans l'esprit qu'on peut du cocuage
Se faire en galant homme une plus douce image;
Que, des coups du hasard aucun n'étant garant,
Cet accident de soi doit être indifférent,
Et qu'enfin tout le mal, quoique le monde glose,
N'est que dans la façon de recevoir la chose:
Et, pour se bien conduire en ces difficultés,
Il y faut, comme en tout, fuir les extrémités,
N'imiter pas ces gens trop peu débonnaires
Qui tirent vanité de ces sortes d'affaires,
De leurs femmes toujours vont citant les galants,
En font partout l'éloge et prônent leurs talents,
Témoignent avec eux d'étroites sympathies,
Sont de tous leurs cadeaux, de toutes leurs parties,
Et font qu'avec raison les gens sont étonnés
De voir leur hardiesse à montrer là leur nez.
Ce procédé sans doute est tout à fait blâmable:
Mais l'autre extrémité n'est pas moins condamnable:
Si je n'approuve pas ces amis des galants,
Je ne suis pas aussi pour ces gens turbulents
Dont l'imprudent chagrin, qui tempête et qui gronde,
Attire au bruit qu'il fait les yeux de tout le monde,
Et qui, par cet éclat, semblent ne pas vouloir
Qu'aucun puisse ignorer ce qu'ils peuvent avoir.
Entre ces deux partis il en est un honnête,
Où, dans l'occasion, l'homme prudent s'arrête;

Et, quand on le sait prendre, on n'a point à rougir
Du pis dont une femme avec nous puisse agir.
Quoi qu'on en puisse dire enfin, le cocuage
Sous des traits moins affreux aisément s'envisage;
Et, comme je vous dis, toute l'habileté
Ne va qu'à le savoir tourner du bon côté.
ARNOLPHE. Après ce beau discours, toute la confrérie
Doit un remercîment à votre seigneurie;
Et quiconque voudra vous entendre parler
Montrera de la joie à s'y voir enrôler.
CHRYSALDE. Je ne dis pas cela, car c'est ce que je blâme :
Mais, comme c'est le sort qui nous donne une femme,
Je dis que l'on doit faire ainsi qu'au jeu de dés,
Où, s'il ne vous vient pas ce que vous demandez,
Il faut jouer d'adresse, et d'une âme réduite
Corriger le hasard par la bonne conduite.
ARNOLPHE. C'est-à-dire dormir et manger toujours bien,
Et se persuader que tout cela n'est rien.
CHRYSALDE. Vous pensez vous moquer : mais, à ne vous rien feindre,
Dans le monde je vois cent choses plus à craindre,
Et dont je me ferais un bien plus grand malheur
Que de cet accident qui vous fait tant de peur.
Pensez-vous qu'à choisir de deux choses prescrites
Je n'aimasse pas mieux être ce que vous dites
Que de me voir mari de ces femmes de bien
Dont la mauvaise humeur fait un procès pour rien,
Ces dragons de vertu, ces honnêtes diablesses,
Se retranchant toujours sur leurs sages prouesses,
Qui, pour un petit tort qu'elles ne nous font pas,
Prennent droit de traiter les gens du haut en bas,
Et veulent, sur le pied de nous être fidèles,
Que nous soyons tenus à tout endurer d'elles?
Encore un coup, compère, apprenez qu'en effet
Le cocuage n'est que ce que l'on le fait;
Qu'on peut le souhaiter pour de certaines causes,
Et qu'il a ses plaisirs comme les autres choses.
ARNOLPHE. Si vous êtes d'humeur à vous en contenter,
Quant à moi, ce n'est pas la mienne d'en tâter;
Et plutôt que subir une telle aventure...
CHRYSALDE. Mon Dieu! ne jurez point, de peur d'être parjure.
Si le sort l'a réglé, vos soins sont superflus,
Et l'on ne prendra pas votre avis là-dessus.
ARNOLPHE. Moi, je serais cocu?
CHRYSALDE. Vous voilà bien malade!
Mille gens le sont bien, sans vous faire bravade,
Qui de mine, de cœur, de biens et de maison,
Ne feraient avec vous nulle comparaison.
ARNOLPHE. Et moi, je n'en voudrais avec eux faire aucune.
Mais cette raillerie, en un mot, m'importune;
Brisons là, s'il vous plaît.
CHRYSALDE. Vous êtes en courroux!
Nous en saurons la cause. Adieu. Souvenez-vous,
Quoi que sur ce sujet votre honneur vous inspire,
Que c'est être à demi ce que l'on vient de dire
Que de vouloir jurer qu'on ne le sera pas.
ARNOLPHE. Moi, je le jure encore; et je vais de ce pas
Contre cet accident trouver un bon remède.
(*Il court heurter à sa porte.*)

SCÈNE IX.
ARNOLPHE, ALAIN, GEORGETTE.

ARNOLPHE. Mes amis, c'est ici que j'implore votre aide.
Je suis édifié de votre affection :
Mais il faut qu'elle éclate en cette occasion;
Et, si vous m'y servez selon ma confiance,
Vous êtes assurés de votre récompense.
L'homme que vous savez, n'en faites point de bruit,
Veut, comme je l'ai su, m'attraper cette nuit,
Dans la chambre d'Agnès entrer par escalade;
Mais il lui faut, nous trois, dresser une embuscade.
Je veux que vous preniez chacun un bon bâton,
Et, quand il sera près du dernier échelon,
Car dans le temps qu'il faut j'ouvrirai la fenêtre,
Que tous deux à l'envi vous me chargiez ce traître,
Mais d'un air dont son dos garde le souvenir,
Et qui lui puisse apprendre à n'y plus revenir;
Sans me nommer pourtant en aucune manière,
Ni faire aucun semblant que je serai derrière.
Auriez-vous bien l'esprit de servir mon courroux?
ALAIN. S'il ne tient qu'à frapper, mon Dieu! tout est à nous :
Vous verrez, quand je bats, si j'y vais de main morte.
GEORGETTE. La mienne, quoiqu'aux yeux elle semble moins forte,
N'en quitte pas sa part à le bien étriller.

ARNOLPHE. Rentrez donc; et surtout gardez de babiller.
(*Seul.*)
Voilà pour le prochain une leçon utile;
Et, si tous les maris qui sont en cette ville
De leurs femmes ainsi recevaient le galant,
Le nombre des cocus ne serait pas si grand.

ACTE CINQUIÈME.

SCÈNE I.
ARNOLPHE, ALAIN, GEORGETTE.

ARNOLPHE. Traîtres, qu'avez-vous fait par cette violence?
ALAIN. Nous vous avons rendu, monsieur, obéissance.
ARNOLPHE. De cette excuse en vain vous voulez vous armer ;
L'ordre était de le battre, et non de l'assommer;
Et c'était sur le dos, et non pas sur la tête,
Que j'avais commandé qu'on fît choir la tempête.
Ciel! dans quel accident me jette ici le sort!
Et que puis-je résoudre à voir cet homme mort?
Rentrez dans la maison, et gardez de rien dire
De cet ordre innocent que j'ai pu vous prescrire.
(*Seul.*)
Le jour s'en va paraître, et je vais consulter
Comment dans ce malheur je me dois comporter.
Hélas! que deviendrai-je? et que dira le père,
Lorsque inopinément il saura cette affaire?

SCÈNE II
HORACE, ARNOLPHE.

HORACE *à part.* Il faut que j'aille un peu reconnaître qui c'est.
ARNOLPHE *se croyant seul.* A-t-on jamais prévu?...
(*Heurté par Horace, qu'il ne reconnaît pas.*)
Qui va là, s'il vous plaît?
HORACE. C'est vous, seigneur Arnolphe?
ARNOLPHE. Oui. Mais vous?
HORACE. C'est Horace.
Je m'en allais chez vous vous prier d'une grâce.
Vous sortez bien matin!
ARNOLPHE *bas à part.* Quelle confusion!
Est-ce un enchantement? est-ce une illusion?
HORACE. J'étais, à dire vrai, dans une grande peine;
Et je bénis du ciel la bonté souveraine
Qui fait qu'à point nommé je vous rencontre ainsi.
Je viens vous avertir que tout a réussi,
Et même beaucoup plus que je n'eusse osé dire,
Et par un incident qui devait tout détruire.
Je ne sais point par où l'on a pu soupçonner
Cette assignation qu'on m'avait su donner :
Mais, étant sur le point d'atteindre à la fenêtre,
J'ai, contre mon espoir, vu quelques gens paraître
Qui, sur moi brusquement levant chacun le bras,
M'ont fait manquer le pied et tomber jusqu'en bas;
Et ma chute, aux dépens de quelque meurtrissure,
De vingt coups de bâton m'a sauvé l'aventure.
Ces gens-là, dont était, je pense, mon jaloux,
Ont imputé ma chute à l'effort de leurs coups;
Et, comme la douleur, un assez long espace,
M'a fait sans remuer demeurer sur la place,
Ils ont cru tout de bon qu'ils m'avaient assommé,
Et chacun d'eux s'en est aussitôt alarmé.
J'entendais tout le bruit dans le profond silence :
L'un l'autre ils s'accusaient de cette violence :
Et, sans lumière aucune, en querellant le sort,
Sont venus doucement tâter si j'étais mort.
Je vous laisse à penser si, dans la nuit obscure,
J'ai d'un vrai trépassé su tenir la figure.
Ils se sont retirés avec beaucoup d'effroi;
Et, comme je songeais à me retirer, moi,
De cette feinte mort la jeune Agnès émue
Avec empressement est devers moi venue :
Car les discours qu'entre eux ces gens avaient tenus
Jusques à son oreille étaient d'abord venus,
Et, pendant tout ce trouble étant moins observée,
Du logis aisément elle s'était sauvée;
Mais, me trouvant sans mal, elle a fait éclater
Un transport difficile à bien représenter.
Que vous dirai-je? enfin cette aimable personne
A suivi les conseils que son amour lui donne,
N'a plus voulu songer à retourner chez soi,
Et de tout son destin s'est commise à ma foi.

Considérez un peu, par ce trait d'innocence,
Où l'expose d'un fou la haute impertinence,
Et quels fâcheux périls elle pourrait courir,
Si j'étais maintenant homme à la moins chérir.
Mais d'un trop pur amour mon âme est embrasée;
J'aimerais mieux mourir que la voir abusée :
Je lui vois des appas dignes d'un autre sort,
Et rien ne m'en saurait séparer que la mort.
Je prévois là-dessus l'emportement d'un père ;
Mais nous prendrons le temps d'apaiser sa colère.
A des charmes si doux je me laisse emporter,
Et dans la vie enfin il se faut contenter.
Ce que je veux de vous sous un secret fidèle,
C'est que je puisse mettre en vos mains cette belle;
Que dans votre maison, en faveur de mes feux,
Vous lui donniez retraite au moins un jour ou deux.
Outre qu'aux yeux du monde il faut cacher sa fuite,
Et qu'on en pourrait faire une exacte poursuite,
Vous savez qu'une fille aussi de sa façon
Donne avec un jeune homme un étrange soupçon ;
Et comme c'est à vous, sûr de votre prudence,
Que j'ai fait de mes feux entière confidence,
C'est à vous seul aussi, comme ami généreux,
Que je puis confier ce dépôt amoureux.
ARNOLPHE. Je suis, n'en doutez point, tout à votre service.
HORACE. Vous voulez bien me rendre un si charmant office?
ARNOLPHE. Très-volontiers, vous dis-je ; et je me sens ravir
De cette occasion que j'ai de vous servir.
Je rends grâces au ciel de ce qu'il me l'envoie,
Et n'ai jamais rien fait avec si grande joie.
HORACE. Que je suis redevable à toutes vos bontés !
J'avais de votre part craint des difficultés :
Mais vous êtes du monde et, dans votre sagesse,
Vous savez excuser le feu de la jeunesse.
Un de mes gens la garde au coin de ce détour.
ARNOLPHE. Mais comment ferons-nous? car il fait un peu jour.
Si je la prends ici, l'on me verra peut-être ;
Et s'il faut que chez moi vous veniez à paraître,
Des valets causeront. Pour jouer au plus sûr,
Il faut me l'amener dans un lieu plus obscur.
Mon allée est commode, et je l'y vais attendre.
HORACE. Ce sont précautions qu'il est fort bon de prendre.
Pour moi, je ne ferai que vous la mettre en main,
Et chez moi, sans éclat, je retourne soudain.
ARNOLPHE seul. Ah! fortune, ce trait d'aventure propice
Répare tous les maux que m'a faits ton caprice.
(Il s'enveloppe le nez de son manteau.)

SCÈNE III.
AGNÈS, HORACE, ARNOLPHE.

HORACE à Agnès. Ne soyez point en peine où je vais vous mener ;
C'est un logement sûr que je vous fais donner.
Vous loger avec moi, ce serait tout détruire :
Entrez dans cette porte, et laissez-vous conduire.
(Arnolphe lui prend la main sans qu'elle le connaisse.)
AGNÈS à Horace. Pourquoi me quittez-vous?
HORACE.   Chère Agnès, il le faut.
AGNÈS. Songez donc, je vous prie, à revenir bientôt.
HORACE. J'en suis assez pressé par ma flamme amoureuse.
AGNÈS. Quand je ne vous vois point, je ne suis point joyeuse.
HORACE. Hors de votre présence, on me voit triste aussi.
AGNÈS. Hélas ! s'il était vrai, vous resteriez ici.
HORACE. Quoi ! vous pourriez douter de mon amour extrême !
AGNÈS. Non, vous ne m'aimez pas autant que je vous aime.
(Arnolphe la tire.)
Ah ! l'on me tire trop.
HORACE.   C'est qu'il est dangereux,
Chère Agnès, qu'en ce lieu nous soyons vus tous deux ;
Et ce parfait ami de qui la main vous presse
Suit le zèle prudent qui pour nous l'intéresse.
AGNÈS. Mais suivre un inconnu que...
HORACE.   N'appréhendez rien ;
Entre de telles mains vous ne serez que bien.
AGNÈS. Je me trouverais mieux entre celles d'Horace,
Et j'aurais...
(A Arnolphe, qui la tire encore.)
            Attendez.
HORACE.   Adieu, le jour me chasse.
AGNÈS. Quand vous verrai-je donc?
HORACE.   Bientôt assurément.
AGNÈS. Que je vais m'ennuyer jusques à ce moment !
HORACE en s'en allant.
Grâce au ciel, mon bonheur n'est plus en concurrence,
Et je puis maintenant dormir en assurance.

SCÈNE IV.
ARNOLPHE, AGNÈS.

ARNOLPHE caché dans son manteau et déguisant sa voix.
Venez, ce n'est pas là que je vous logerai,
Et votre gîte ailleurs est par moi préparé.
Je prétends en lieu sûr mettre votre personne.
(Se faisant connaître.)
Me connaissez-vous?
AGNÈS.   Hai !
ARNOLPHE.   Mon visage, friponne,
Dans cette occasion rend vos sens effrayés,
Et c'est à contre-cœur qu'ici vous me voyez ;
Je trouble en ses projets l'amour qui vous possède.
(Agnès regarde si elle ne verra point Horace.)
N'appelez point des yeux le galant à votre aide ;
Il est trop éloigné pour vous donner secours.
Ah ! ah ! si jeune encor, vous jouez de ces tours !
Votre simplicité, qui semble sans pareille,
Demande si l'on fait les enfants par l'oreille,
Et vous savez donner des rendez-vous la nuit,
Et pour suivre un galant vous évader sans bruit !
Tudieu ! comme avec lui votre langue cajole !
Il faut qu'on vous ait mise à quelque bonne école.
Qui diantre tout d'un coup vous en a tant appris?
Vous ne craignez donc plus de trouver des esprits?
Et ce galant, la nuit, vous a donc enhardie?
Ah ! coquine, en venir à cette perfidie !
Malgré tous mes bienfaits former un tel dessein !
Petit serpent que j'ai réchauffé dans mon sein,
Et qui, dès qu'il se sent, par une humeur ingrate
Cherche à faire du mal à celui qui le flatte !
AGNÈS. Pourquoi me criez-vous?
ARNOLPHE.   J'ai grand tort en effet !
AGNÈS. Je n'entends point de mal dans tout ce que j'ai fait.
ARNOLPHE. Suivre un galant n'est pas une action infâme?
AGNÈS. C'est un homme qui dit qu'il me veut pour sa femme :
J'ai suivi vos leçons, et vous m'avez prêché
Qu'il se faut marier pour ôter le péché.
ARNOLPHE. Oui. Mais pour femme, moi, je prétendais vous prendre
Et je vous l'avais fait, me semble, assez entendre.
AGNÈS. Oui. Mais, à vous parler franchement entre nous,
Il est plus pour cela selon mon goût que vous.
Chez vous le mariage est fâcheux et pénible,
Et vos discours en font une image terrible ;
Mais, las ! il le fait, lui, si rempli de plaisirs,
Que de se marier il donne des désirs.
ARNOLPHE. Ah ! c'est que vous l'aimez, traîtresse !
AGNÈS.   Oui, je l'aime.
ARNOLPHE. Et vous avez le front de le dire à moi-même !
AGNÈS. Et pourquoi, s'il est vrai, ne le dirais-je pas?
ARNOLPHE. Le deviez-vous aimer, impertinente?
AGNÈS.   Hélas !
Est-ce que j'en puis mais? Lui seul en est la cause ;
Et je n'y songeais pas lorsque se fit la chose.
ARNOLPHE. Mais il fallait chasser cet amoureux désir.
AGNÈS. Le moyen de chasser ce qui fait du plaisir?
ARNOLPHE. Et ne saviez-vous pas que c'était me déplaire?
AGNÈS. Moi? point du tout. Quel mal cela vous peut-il faire?
ARNOLPHE. Il est vrai, j'ai sujet d'en être réjoui !
Vous ne m'aimez donc pas, à ce compte?
AGNÈS.   Vous?
ARNOLPHE.   Oui.
AGNÈS. Hélas ! non.
ARNOLPHE.   Comment, non !
AGNÈS.   Voulez-vous que je mente?
ARNOLPHE. Pourquoi ne m'aimer pas, madame l'impudente?
AGNÈS. Mon Dieu ! ce n'est pas moi que vous devez blâmer :
Que ne vous êtes-vous, comme lui, fait aimer?
Je ne vous en ai pas empêché, que je pense.
ARNOLPHE. Je m'y suis efforcé de toute ma puissance ;
Mais les soins que j'ai pris, je les ai perdus tous.
AGNÈS. Vraiment il en sait donc là-dessus plus que vous,
Car à se faire aimer il n'a point eu de peine.
ARNOLPHE à part. Voyez comme raisonne et répond la vilaine !
Peste ! une précieuse en dirait-elle plus?
Ah ! je l'ai mal connue ; ou, ma foi, là-dessus
Une sotte en sait plus que le plus habile homme.
(A Agnès.)
Puisqu'en raisonnements votre esprit se consomme,
La belle raisonneuse, est-ce qu'un si long temps
Je vous aurai pour lui nourrie à mes dépens?
AGNÈS. Non. Il vous rendra tout jusques au dernier double.

ARNOLPHE *bas à part.* Elle a de certains mots où mon dépit redouble.
(*Haut.*)
Me rendra-t-il, coquine, avec tout son pouvoir,
Les obligations que vous pouvez m'avoir?
AGNÈS. Je ne vous en ai pas de si grandes qu'on pense.
ARNOLPHE. N'est-ce rien que les soins d'élever votre enfance?
AGNÈS. Vous avez là-dedans bien opéré vraiment,
Et m'avez fait en tout instruire joliment!
Croit-on que je me flatte, et qu'enfin dans ma tête
Je ne juge pas bien que je suis une bête?
Moi-même j'en ai honte; et, dans l'âge où je suis,
Je ne veux plus passer pour sotte, si je puis.
ARNOLPHE. Vous fuyez l'ignorance, et voulez, quoi qu'il coûte,
Apprendre du blondin quelque chose?
AGNÈS. Sans doute.
C'est de lui que je sais ce que je peux savoir,
Et beaucoup plus qu'à vous je pense lui devoir.
ARNOLPHE. Je ne sais qui me tient qu'avec une gourmade
Ma main de ce discours ne venge la bravade.
J'enrage quand je vois sa piquante froideur,
Et quelques coups de poing satisferaient mon cœur.
AGNÈS. Hélas! vous le pouvez, si cela vous peut plaire.
ARNOLPHE *à part.* Ce mot et ce regard désarme ma colère
Et produit un retour de tendresse de cœur
Qui de son action efface la noirceur.
Chose étrange d'aimer, et que pour ces traîtresses
Les hommes soient sujets à de telles faiblesses!
Tout le monde connaît leur imperfection;
Ce n'est qu'extravagance et qu'indiscrétion;
Leur esprit est méchant, et leur âme fragile;
Il n'est rien de plus faible et de plus imbécile,
Rien de plus infidèle : et malgré tout cela,
Dans le monde on fait tout pour ces animaux-là.
(*A Agnès.*)
Hé bien! faisons la paix. Va, petite traîtresse,
Je te pardonne tout et te rends ma tendresse;
Considère par là l'amour que j'ai pour toi,
Et, me voyant si bon, en revanche aime-moi.
AGNÈS. Du meilleur de mon cœur je voudrais vous complaire :
Que me coûterait-il, si je le pouvais faire?
ARNOLPHE. Mon pauvre petit cœur, tu le peux, si tu veux.
Écoute seulement ce soupir amoureux,
Vois ce regard mourant, contemple ma personne,
Et quitte ce morveux et l'amour qu'il te donne.
C'est quelque sort qu'il faut qu'il ait jeté sur toi,
Et tu seras cent fois plus heureuse avec moi.
Ta forte passion est d'être brave et leste;
Tu le seras toujours, va, je te le proteste;
Sans cesse, nuit et jour, je te caresserai,
Je te bouchonnerai, baiserai, mangerai;
Tout comme tu voudras, tu pourras te conduire :
Je ne m'explique point, et cela, c'est tout dire.
(*Bas à part.*)
Jusqu'où la passion peut-elle faire aller!
(*Haut.*)
Enfin à mon amour rien ne peut s'égaler :
Quelle preuve veux-tu que je t'en donne, ingrate?
Me veux-tu voir pleurer? Veux-tu que je me batte?
Veux-tu que je m'arrache un côté de cheveux?
Veux-tu que je me tue? Oui, dis si tu le veux,
Je suis tout prêt, cruelle, à te prouver ma flamme.
AGNÈS. Tenez, tous vos discours ne me touchent point l'âme :
Horace avec deux mots en ferait plus que vous.
ARNOLPHE. Ah! c'est trop me braver, trop pousser mon courroux.
Je suivrai mon dessein, bête trop indocile,
Et vous dénicherai à l'instant de la ville.
Vous rebutez mes vœux et me mettez à bout;
Mais un cul de couvent me vengera de tout.

SCÈNE V.
ARNOLPHE, AGNÈS, ALAIN.

ALAIN. Je ne sais ce que c'est, monsieur; mais il me semble
Qu'Agnès et le corps mort s'en sont allés ensemble.
ARNOLPHE. La voici. Dans ma chambre allez me la nicher.
(*A part.*)
Ce ne sera pas là qu'il la viendra chercher.
Et puis, c'est seulement pour une demi-heure.
Je vais, pour lui donner une sûre demeure,
(*A Alain.*)
Trouver une voiture. Enfermez-vous des mieux,
Et surtout gardez-vous de la quitter des yeux.
(*Seul.*)
Peut-être que son âme, étant dépaysée,
Pourra de cet amour être désabusée.

SCÈNE VI.
HORACE, ARNOLPHE.

HORACE. Ah! je viens vous trouver, accablé de douleur.
Le ciel, seigneur Arnolphe, a conclu mon malheur;
Et, par un trait fatal d'une injustice extrême,
On me veut arracher de la beauté que j'aime.
Pour arriver ici mon père a pris le frais;
J'ai trouvé qu'il mettait pied à terre ici près :
Et la cause, en un mot, d'une telle venue,
Qui, comme je disais, ne m'était pas connue,
C'est qu'il m'a marié sans m'en écrire rien,
Et qu'il vient en ces lieux célébrer ce lien.
Jugez, en prenant part à mon inquiétude,
S'il pouvait m'arriver un contre-temps plus rude.
Cet Enrique dont hier je m'informais à vous
Cause tout le malheur dont je ressens les coups :
Il vient avec mon père achever ma ruine,
Et c'est sa fille unique à qui l'on me destine.
J'ai dès leurs premiers mots pensé m'évanouir :
Et d'abord, sans vouloir plus longtemps les ouïr,
Mon père ayant parlé de vous rendre visite,
L'esprit plein de frayeur, je l'ai devancé vite.
De grâce, gardez-vous de lui rien découvrir
De mon engagement qui le pourrait aigrir;
Et tâchez, comme en vous il prend grande créance,
De le dissuader de cette autre alliance.
ARNOLPHE. Oui-dà.
HORACE. Conseillez-lui de différer un peu,
Et rendez en ami ce service à mon feu.
ARNOLPHE. Je n'y manquerai pas.
HORACE. C'est en vous que j'espère.
ARNOLPHE. Fort bien.
HORACE. Et je vous tiens mon véritable père.
Dites-lui que mon âge... Ah! je le vois venir!
Écoutez les raisons que je vous puis fournir.

SCÈNE VII.
ENRIQUE, ORONTE, CHRYSALDE, HORACE, ARNOLPHE.

(*Horace et Arnolphe se retirent dans un coin du théâtre et parlent bas ensemble.*)
ENRIQUE *à Chrysalde.* Aussitôt qu'à mes yeux je vous ai vu paraître,
Quand on ne m'eût rien dit, j'aurais su vous connaître.
J'ai reconnu les traits de cette aimable sœur
Dont l'hymen autrefois m'avait fait possesseur,
Et je serais heureux si la parque cruelle
M'eût laissé ramener cette épouse fidèle,
Pour jouir avec moi des sensibles douceurs
De revoir tous les siens après nos longs malheurs.
Mais, puisque du destin la fatale puissance
Nous prive pour jamais de sa chère présence,
Tâchons de nous résoudre, et de nous contenter
Du seul fruit amoureux qui m'en ait pu rester.
Il vous touche de près, et sans votre suffrage
J'aurais tort de vouloir disposer de ce gage.
Le choix du fils d'Oronte est glorieux de soi;
Mais il faut que ce choix vous plaise comme à moi.
CHRYSALDE. C'est de mon jugement avoir mauvaise estime,
Que douter si j'approuve un choix si légitime.
ARNOLPHE *à part à Horace.* Oui, je veux vous servir de la bonne façon.
HORACE *à part à Arnolphe.* Gardez encore un coup...
ARNOLPHE *à Horace.* N'ayez aucun soupçon.
(*Arnolphe quitte Horace pour aller embrasser Oronte.*)
ORONTE *à Arnolphe.* Ah! que cette embrassade est pleine de tendresse!
ARNOLPHE. Que je sens à vous voir une grande allégresse!
ORONTE. Je suis ici venu...
ARNOLPHE. Sans m'en faire récit,
Je sais ce qui vous mène.
ORONTE. On vous l'a déjà dit?
ARNOLPHE. Oui.
ORONTE. Tant mieux.
ARNOLPHE. Votre fils à cet hymen résiste,
Et son cœur prévenu n'y veut rien que de triste;
Il m'a même prié de vous en détourner.
Et moi, tout le conseil que je vous puis donner,
C'est de ne pas souffrir que ce nœud se diffère,
Et de faire valoir l'autorité de père.
Il faut avec vigueur ranger les jeunes gens,
Et nous faisons contre eux à leur être indulgents.
HORACE *à part.* Ah! traître.
CHRYSALDE. Si son cœur a quelque répugnance,
Je tiens qu'on ne doit pas lui faire résistance.
Mon frère, que je crois, sera de mon avis.

ARNOLPHE. Quoi ! se laissera-t-il gouverner par son fils ?
Est-ce que vous voulez qu'un père ait la mollesse
De ne savoir pas faire obéir la jeunesse ?
Il serait beau vraiment qu'on le vît aujourd'hui
Prendre loi de qui doit la recevoir de lui !
Non, non : c'est mon intime ; et sa gloire est la mienne :
Sa parole est donnée ; il faut qu'il la maintienne ;
Qu'il fasse voir ici de fermes sentiments,
Et force de son fils tous les attachements.
ORONTE. C'est parler comme il faut ; et dans cette alliance
C'est moi qui vous réponds de son obéissance.
CHRYSALDE à Arnolphe. Je suis surpris, pour moi, du grand empresse-
Que vous me faites voir pour cet engagement,   [ment
Et ne puis deviner quel motif vous inspire...
ARNOLPHE. Je sais ce que je fais, et dis ce qu'il faut dire.
ORONTE. Oui, oui, seigneur Arnolphe, il est...
CHRYSALDE.   Ce nom l'aigrit ;
C'est monsieur de la Souche ; on vous l'a déjà dit.
ARNOLPHE. Il n'importe.
HORACE à part.   Qu'entends-je !
ARNOLPHE se tournant vers Horace.   Oui, c'est là le mystère ;
Et vous pouvez juger ce que je devais faire.
HORACE à part. En quel trouble...

SCÈNE VIII.

ENRIQUE, ORONTE, CHRYSALDE, HORACE, ARNOLPHE, GEORGETTE.

GEORGETTE.   Monsieur, si vous n'êtes auprès,
Nous aurons de la peine à retenir Agnès ;
Elle veut à tous coups s'échapper, et peut-être
Qu'elle se pourrait bien jeter par la fenêtre.
ARNOLPHE. Faites-la-moi venir ; aussi bien de ce pas
                                (A Horace.)
Prétends-je l'emmener. Ne vous en fâchez pas :
Un bonheur continu rendrait l'homme superbe ;
Et chacun a son tour, comme dit le proverbe.
HORACE à part. Quels maux peuvent, ô ciel ! égaler mes ennuis ?
Et s'est-on jamais vu dans l'abîme où je suis ?
ARNOLPHE à Oronte. Pressez vite le jour de la cérémonie,
J'y prends part ; et déjà moi-même je m'en prie.
ORONTE. C'est bien là mon dessein.

SCÈNE IX.

AGNÈS, ORONTE, ENRIQUE, ARNOLPHE, HORACE, CHRYSALDE,
ALAIN, GEORGETTE.

ARNOLPHE à Agnès.   Venez, belle, venez,
Qu'on ne saurait tenir, et qui vous mutinez,
Voici votre galant, à qui, pour récompense,
Vous pouvez faire une humble et douce révérence.
                                (A Horace.)
Adieu. L'événement trompe un peu vos souhaits :
Mais tous les amoureux ne sont pas satisfaits.
AGNÈS. Me laissez-vous, Horace, emmener de la sorte ?
HORACE. Je ne sais où j'en suis, tant ma douleur est forte.
ARNOLPHE. Allons, causeuse, allons !
AGNÈS.   Je veux rester ici.
ORONTE. Dites-nous ce que c'est que ce mystère-ci :
Nous nous regardons tous sans le pouvoir comprendre.
ARNOLPHE. Avec plus de loisir je pourrai vous l'apprendre.
Jusqu'au revoir.
ORONTE.   Où donc prétendez-vous aller ?
Vous ne nous parlez point comme il nous faut parler.
ARNOLPHE. Je vous ai conseillé, malgré tout son murmure,
D'achever l'hyménée.
ORONTE.   Oui : mais pour le conclure,
Si l'on vous a dit tout, ne vous a-t-on pas dit,
Que vous avez chez vous celle dont il s'agit,
La fille qu'autrefois de l'aimable Angélique
Sous des liens secrets eut le seigneur Enrique ?
Sur quoi votre discours était-il donc fondé ?
CHRYSALDE. Je m'étonnais aussi de voir son procédé.
ARNOLPHE. Quoi ?
CHRYSALDE.   D'un hymen secret ma sœur eut une fille
Dont on cacha le sort à toute la famille.
ORONTE. Et qui, sous de feints noms, pour ne rien découvrir,
Par son époux aux champs fut donnée à nourrir.
CHRYSALDE. Et, dans ce temps, le sort, lui déclarant la guerre,
L'obligea de sortir de sa natale terre.
ORONTE. Et d'aller essuyer mille périls divers
Dans ces lieux séparés de nous par tant de mers.
CHRYSALDE. Où ses soins ont gagné ce que dans sa patrie
Avaient pu lui ravir l'imposture et l'envie.
ORONTE. Et, de retour en France, il a cherché d'abord
Celle à qui de sa fille il confia le sort.
CHRYSALDE. Et cette paysanne a dit avec franchise
Qu'en vos mains à quatre ans elle l'avait remise.
ORONTE. Et qu'elle l'avait fait, sur votre charité,
Par un accablement d'extrême pauvreté.
CHRYSALDE. Et lui, plein de transport et l'allégresse en l'âme,
A fait jusqu'en ces lieux conduire cette femme.
ORONTE. Et vous allez enfin la voir venir ici
Pour rendre aux yeux de tous ce mystère éclairci.
CHRYSALDE à Arnolphe. Je devine à peu près quel est votre supplice ;
Mais le sort en cela ne vous est que propice :
Si n'être point cocu vous semble un si grand bien,
Ne vous point marier en est le vrai moyen.
ARNOLPHE s'en allant tout transporté et ne pouvant parler.
Ouf !

SCÈNE X.

ENRIQUE, ORONTE, CHRYSALDE, AGNÈS, HORACE.

ORONTE.   D'où vient qu'il s'enfuit sans rien dire ?
HORACE.   Ah ! mon père,
Vous saurez pleinement ce surprenant mystère.
Le hasard en ces lieux avait exécuté
Ce que votre sagesse avait préméditée.
J'étais, par les doux nœuds d'une amour mutuelle,
Engagé de parole avecque cette belle ;
Et c'est elle en un mot que vous venez chercher,
Et pour qui mon refus a pensé vous fâcher.
ENRIQUE. Je n'en ai point douté d'abord que je l'ai vue,
Et mon âme depuis n'a cessé d'être émue.
Ah ! ma fille, je cède à des transports si doux.
CHRYSALDE. J'en ferais de bon cœur, mon frère, autant que vous ;
Mais ces lieux et cela ne s'accommoderaient guères.
Allons dans la maison débrouiller ces mystères,
Payer à notre ami ses soins officieux,
Et rendre grâce au ciel, qui fait tout pour le mieux.

FIN DE L'ÉCOLE DES FEMMES.

LA CRITIQUE
DE L'ÉCOLE DES FEMMES,

COMÉDIE EN UN ACTE.

A LA REINE MÈRE.

MADAME,

Je sais bien que VOTRE MAJESTÉ n'a que faire de toutes nos dédicaces, et que ces prétendus devoirs dont on lui dit élégamment qu'on s'acquitte envers elle sont des hommages, à dire vrai, dont elle nous dispenserait très-volontiers : mais je ne laisse pas d'avoir l'audace de lui dédier *la Critique de l'Ecole des Femmes*, et je n'ai pu refuser cette petite occasion de pouvoir témoigner ma joie à VOTRE MAJESTÉ sur cette heureuse convalescence qui redonne à nos vœux la plus grande et la meilleure princesse du monde, et nous promet en elle de longues années d'une santé vigoureuse. Comme chacun regarde les choses du côté de ce qui le touche, je me réjouis, dans cette allégresse générale, de pouvoir encore avoir l'honneur de divertir VOTRE MAJESTÉ; elle, MADAME, qui prouve si bien que la véritable dévotion n'est point contraire aux honnêtes divertissements ; qui, de ses hautes pensées et de ses importantes occupations, descend si humainement dans le plaisir de nos spectacles, et ne dédaigne pas de rire de cette même bouche dont elle prie si bien Dieu : je flatte, dis-je, mon esprit de l'espérance de cette gloire, j'en attends le moment avec toutes les impatiences du monde ; et, quand je jouirai de ce bonheur, ce sera la plus grande joie que puisse recevoir,

MADAME,

DE VOTRE MAJESTÉ

Le très-humble, très-obéissant et très-fidèle serviteur

MOLIÈRE.

PERSONNAGES

URANIE.
ÉLISE.
CLIMÈNE.
LE MARQUIS.
DORANTE ou LE CHEVALIER.
LYSIDAS, poëte.
GALOPIN, laquais.

La scène est à Paris, dans la maison d'Uranie.

SCÈNE I.

URANIE, ÉLISE.

URANIE. — Quoi ! cousine, personne ne t'est venu rendre visite?
ÉLISE. — Personne du monde.
URANIE. — Vraiment ! voilà qui m'étonne, que nous ayons été seules l'une et l'autre tout aujourd'hui.
ÉLISE. — Cela m'étonne aussi : car ce n'est guère notre coutume; et votre maison, Dieu merci, est le refuge ordinaire de tous les fainéants de la cour.
URANIE. — L'après-dînée, à dire vrai, m'a semblé fort longue.
ÉLISE. — Et moi, je l'ai trouvée fort courte.
URANIE. — C'est que les beaux esprits, cousine, aiment la solitude.
ÉLISE. — Ah ! très-humble servante au bel esprit ! vous savez que ce n'est pas là que je vise.
URANIE. — Pour moi, j'aime la compagnie, je l'avoue.
ÉLISE. — Je l'aime aussi ; mais je l'aime choisie ; et la quantité des sottes visites qu'il vous faut essuyer parmi les autres est cause bien souvent que j'y prends plaisir d'être seule.
URANIE. — La délicatesse est trop grande de ne pouvoir souffrir que des gens triés.
ÉLISE. — Et la complaisance est trop générale de souffrir indifféremment toutes sortes de personnes.
URANIE. — Je goûte ceux qui sont raisonnables, et me divertis des extravagants.
ÉLISE. — Ma foi, les extravagants ne vont guère loin sans vous ennuyer, et la plupart de ces gens-là ne sont plus plaisants dès la seconde visite. Mais, à propos d'extravagants, ne voulez-vous pas me défaire de votre marquis incommode ? Pensez-vous me le laisser toujours sur les bras, et que je puisse durer à ses turlupinades perpétuelles ?
URANIE. — Ce langage est à la mode, et l'on le tourne en plaisanterie à la cour.
ÉLISE. — Tant pis pour ceux qui le font, et qui se tuent tout le jour à parler ce jargon obscur. La belle chose de faire entrer aux conversations du Louvre de vieilles équivoques ramassées parmi les boues des halles et de la place Maubert ! La jolie façon de plaisanter pour des courtisans ! et qu'un homme montre d'esprit lorsqu'il vient vous dire : Madame, vous êtes dans la place Royale, et tout le monde vous voit de trois lieues de Paris, car chacun vous voit de bon œil ; à cause que Bonneuil est un village à trois lieues d'ici ! Cela n'est-il pas bien galant et bien spirituel, et ceux qui trouvent ces belles rencontres n'ont-ils pas lieu de s'en glorifier?

URANIE. — On ne dit pas cela aussi comme une chose spirituelle, et la plupart de ceux qui affectent ce langage savent bien eux-mêmes qu'il est ridicule.
ÉLISE. — Tant pis encore de prendre peine à dire des sottises, et d'être mauvais plaisants de dessein formé. Je les en tiens moins excusables ; et si j'en étais juge, je sais bien à quoi je condamnerais tous ces messieurs les turlupins.
URANIE. — Laissons cette matière, qui t'échauffe un peu trop, et disons que Dorante vient bien tard, à mon avis, pour le souper que nous devons faire ensemble.
ÉLISE. — Peut-être l'a-t-il oublié, et que...

SCÈNE II.

URANIE, ÉLISE, GALOPIN.

GALOPIN. — Voilà Climène, madame, qui vient ici pour vous voir.
URANIE. — Hé ! mon Dieu ! quelle visite !
ÉLISE. — Vous vous plaigniez d'être seule, aussi le ciel vous en punit.
URANIE. — Vite, qu'on aille dire que je n'y suis pas.
GALOPIN. — On a déjà dit que vous y étiez.
URANIE. — Et qui est le sot qui l'a dit?
GALOPIN. — Moi, madame.
URANIE. — Diantre soit le petit vilain ! Je vous apprendrai bien à faire vos réponses de vous-même.
GALOPIN. — Je vais lui dire, madame, que vous voulez être sortie.
URANIE. — Arrêtez, animal, et la laissez monter, puisque la sottise est faite.
GALOPIN. — Elle parle encore à un homme dans la rue.
URANIE. — Ah ! cousine, que cette visite m'embarrasse à l'heure qu'il est !
ÉLISE. — Il est vrai que la dame est un peu embarrassante de son naturel : j'ai toujours eu pour elle une furieuse aversion ; et, n'en déplaise à sa qualité, c'est la plus sotte bête qui se soit jamais mêlée de raisonner.
URANIE. — L'épithète est un peu forte.
ÉLISE. — Allez, allez, elle mérite bien cela, et quelque chose de plus si on lui faisait justice. Est-ce qu'il y a une personne qui soit plus véritablement qu'elle ce qu'on appelle précieuse, à prendre le mot dans sa plus mauvaise signification ?
URANIE. — Elle se défend bien de ce nom pourtant.
ÉLISE. — Il est vrai, elle se défend du nom, mais non pas de la chose : car enfin elle l'est depuis les pieds jusqu'à la tête, et la plus

grande façonnière du monde. Il semble que tout son corps soit démonté, et que les mouvements de ses hanches, de ses épaules et de sa tête n'aillent que par ressorts. Elle affecte toujours un ton de voix languissant et niais, fait la moue pour montrer une petite bouche, et roule les yeux pour les faire paraître grands.

URANIE. — Doucement donc. Si elle venait à entendre...

ÉLISE. — Point, point; elle ne monte pas encore. Je me souviens toujours du soir qu'elle eut envie de voir Damon, sur la réputation qu'on lui donne et les choses que le public a vues de lui. Vous connaissez l'homme et sa naturelle paresse à soutenir la conversation. Elle l'avait invité à souper comme bel esprit, et jamais il ne parut si sot parmi une demi-douzaine de gens à qui elle avait fait fête de lui, et qui le regardaient avec de grands yeux, comme une personne qui ne devait pas être faite comme les autres. Ils pensaient tous qu'il était là pour défrayer la compagnie de bons mots; que chaque parole qui sortait de sa bouche devait être extraordinaire; qu'il devait faire des impromptus sur tout ce qu'on disait, et ne demander à boire qu'avec une pointe. Mais il les trompa fort par son silence; et la dame fut aussi mal satisfaite de lui que je le fus d'elle.

URANIE. — Tais-toi. Je vais la recevoir à la porte de la chambre.

ÉLISE. — Encore un mot. Je voudrais bien la voir mariée avec le marquis dont nous avons parlé : le bel assemblage que ce serait d'une précieuse et d'un turlupin !

URANIE. — Veux-tu te taire, la voici !

SCÈNE III.
CLIMÈNE, URANIE, ÉLISE, GALOPIN.

URANIE. — Vraiment, c'est bien tard que...
CLIMÈNE. — Hé ! de grâce, ma chère, faites-moi vite donner un siége.
URANIE à Galopin. — Un fauteuil promptement.
CLIMÈNE. — Ah! mon Dieu!
URANIE. — Qu'est-ce donc?
CLIMÈNE. — Je n'en puis plus.
URANIE. — Qu'avez-vous?
CLIMÈNE. — Le cœur me manque.
URANIE. — Sont-ce vapeurs qui vous ont pris?
CLIMÈNE. — Non.
URANIE. — Voulez-vous qu'on vous délace?
CLIMÈNE. — Mon Dieu! non. Ah!
URANIE. — Quel est donc votre mal? et depuis quand vous a-t-il pris?
CLIMÈNE. — Il y a plus de trois heures, et je l'ai apporté du Palais-Royal.
URANIE. — Comment?
CLIMÈNE. — Je viens de voir pour mes péchés cette méchante rapsodie de l'École des Femmes. Je suis encore en défaillance du mal de cœur que cela m'a donné; et je pense que je n'en reviendrai pas de plus de quinze jours.
ÉLISE. — Voyez un peu comme les maladies arrivent sans qu'on y songe!
URANIE. — Je ne sais pas de quel tempérament nous sommes ma cousine et moi; mais nous fûmes avant hier à la même pièce, et nous en revînmes toutes deux saines et gaillardes.
CLIMÈNE. — Quoi! vous l'avez vue?
URANIE. — Oui, et écoutée d'un bout à l'autre.
CLIMÈNE. — Et vous n'en avez pas été jusques aux convulsions, ma chère?
URANIE. — Je ne suis pas si délicate, Dieu merci; et je trouve pour moi que cette comédie serait plutôt capable de guérir les gens que de les rendre malades.
CLIMÈNE. — Ah! mon Dieu! que dites-vous là? Cette proposition peut-elle être avancée par une personne qui ait du revenu en sens commun? Peut-on impunément, comme vous faites, rompre en visière à la raison? Et, dans le vrai de la chose, est-il un esprit si affamé de plaisanterie, qu'il puisse tâter des fadaises dont cette comédie est assaisonnée? Pour moi, je vous avoue que je n'ai pas trouvé le moindre grain de sel dans tout cela. Les enfants par l'oreille m'ont paru d'un goût détestable; la tarte à la crème m'a affadi le cœur, et j'ai pensé vomir au potage.
ÉLISE. — Mon Dieu! que tout cela est dit élégamment! J'aurais cru que cette pièce était bonne : mais madame a une éloquence si persuasive, elle tourne les choses d'une manière si agréable, qu'il faut être de son sentiment malgré qu'on en ait.
URANIE. — Pour moi, je n'ai pas tant de complaisance; et pour dire ma pensée, je tiens cette comédie une des plus plaisantes que l'auteur ait produites.
CLIMÈNE. — Ah! vous me faites pitié de parler ainsi, et je ne saurais vous souffrir cette obscurité de discernement. Peut-on, ayant de la vertu, trouver de l'agrément dans une pièce qui tient sans cesse la pudeur en alarmes et salit à tout moment l'imagination?
ÉLISE. — Les jolies façons de parler que voilà! que vous êtes, madame, une rude joueuse en critique! et que je plains le pauvre Molière de vous avoir pour ennemie!
CLIMÈNE. — Croyez-moi, ma chère, corrigez de bonne foi votre jugement : et, pour votre honneur, n'allez point dire par le monde que cette comédie vous ait plu.

URANIE. — Moi, je ne sais pas ce que vous y avez trouvé qui blesse la pudeur.
CLIMÈNE. — Hélas! tout; et je mets en fait qu'une honnête femme ne la saurait voir sans confusion, tant j'y ai découvert d'ordures et de saletés.
URANIE. — Il faut donc que pour les ordures vous ayez des lumières que les autres n'ont pas; car, moi, je n'y en ai point vu.
CLIMÈNE. — C'est que vous ne voulez pas y en avoir vu, assurément; car enfin toutes ces ordures, Dieu merci, y sont à visage découvert : elles n'ont pas la moindre enveloppe qui les couvre, et les yeux les plus hardis sont effrayés de leur nudité.
ÉLISE. — Ah!
CLIMÈNE. — Hai, hai, hai.
URANIE. — Mais encore, s'il vous plaît, marquez-moi une de ces ordures que vous dites.
CLIMÈNE. — Hélas! est-il nécessaire de vous les marquer?
URANIE. — Oui. Je vous demande seulement un endroit qui vous ait fort choquée.
CLIMÈNE. — En faut-il d'autres que la scène de cette Agnès lorsqu'elle dit ce qu'on lui a pris?
URANIE. — Et que trouvez-vous là de sale?
CLIMÈNE. — Ah!
URANIE. — De grâce?
CLIMÈNE. — Fi!
URANIE. — Mais encore?
CLIMÈNE. — Je n'ai rien à vous dire.
URANIE. — Pour moi, je n'y entends point de mal.
CLIMÈNE. — Tant pis pour vous.
URANIE. — Tant mieux plutôt, ce me semble : je regarde les choses du côté qu'on me les montre, et ne les tourne point pour y chercher ce qu'il ne faut pas voir.
CLIMÈNE. — L'honnêteté d'une femme...
URANIE. — L'honnêteté d'une femme n'est pas dans les grimaces. Il sied mal de vouloir être plus sage que celles qui sont sages. L'affectation en cette matière est pire qu'en toute autre; et je ne vois rien de si ridicule que cette délicatesse d'honneur qui prend tout en mauvaise part, donne un sens criminel aux plus innocentes paroles, et s'offense de l'ombre des choses. Croyez-moi, celles qui font tant de façons n'en sont pas estimées plus femmes de bien; au contraire, leur sévérité mystérieuse et leurs grimaces affectées irritent la censure de tout le monde contre les actions de leur vie. On est ravi de découvrir ce qu'il y peut avoir à redire : et, pour tomber dans l'exemple, il y avait l'autre jour des femmes à cette comédie, vis-à-vis de la loge où nous étions, qui, par les mines qu'elles affectaient durant toute la pièce, leurs détournements de tête et leurs cachements de visage, firent dire de tous côtés cent sottises de leur conduite que l'on n'aurait pas dites sans cela; et quelqu'un même des laquais cria tout haut qu'elles étaient plus chastes des oreilles que de tout le reste du corps.
CLIMÈNE. — Enfin il faut être aveugle dans cette pièce, et ne pas faire semblant d'y voir les choses.
URANIE. — Il ne faut pas y vouloir voir ce qui n'y est pas.
CLIMÈNE. — Ah! je soutiens, encore un coup, que les saletés y crèvent les yeux.
URANIE. — Et moi, je ne demeure pas d'accord de cela.
CLIMÈNE. — Quoi! la pudeur n'est pas visiblement blessée par ce que dit Agnès dans l'endroit dont nous parlons?
URANIE. — Non vraiment. Elle ne dit pas un mot qui de soi ne soit fort honnête, et, si vous voulez entendre dessous quelque autre chose, c'est vous qui faites l'ordure, et non pas elle, puisqu'elle parle seulement d'un ruban qu'on lui a pris.
CLIMÈNE. — Ah! ruban tant qu'il vous plaira; mais ce le où elle s'arrête est de grande prunes. Il vient sur ce le d'étranges pensées : ce le scandalise furieusement; et, quoi que vous puissiez dire, vous ne sauriez défendre l'insolence de ce le.
ÉLISE. — Il est vrai, ma cousine, je suis pour madame contre ce le. Ce le est insolent au dernier point, et vous avez tort de défendre ce le.
CLIMÈNE. — Il a une obscénité qui n'est pas supportable.
ÉLISE. — Comment dites-vous ce mot-là, madame?
CLIMÈNE. — Obscénité, madame.
ÉLISE. — Ah! mon Dieu! obscénité! Je ne sais ce que ce mot veut dire; mais je le trouve le plus joli du monde.
CLIMÈNE. — Enfin vous voyez comme votre sang prend mon parti.
URANIE. — Hé! mon Dieu! c'est une causeuse qui ne dit pas ce qu'elle pense, ne vous y fiez pas beaucoup si vous m'en voulez croire!
ÉLISE. — Ah! que vous êtes méchante de me vouloir rendre suspecte à madame! Voyez un peu où j'en serais si elle allait croire ce que vous dites. Serais-je si malheureuse, madame, que vous eussiez de moi cette pensée?
CLIMÈNE. — Non, non; je ne m'arrête pas à ses paroles, et je vous crois plus sincère qu'elle ne dit.
ÉLISE. Ah! que vous avez bien raison, madame! et que vous me rendrez justice quand vous croirez que je vous trouve la plus engageante personne du monde, que j'entre dans tous vos sentiments, et suis charmée de toutes les expressions qui sortent de votre bouche!

CLIMÈNE. — Hélas ! je parle sans affectation.

ÉLISE. — On le voit bien, madame, et que tout est naturel en vous. Vos paroles, le ton de votre voix, vos regards, vos pas, votre action et votre ajustement ont je ne sais quel air de qualité qui enchante les gens. Je vous étudie des yeux et des oreilles ; et je suis si remplie de vous, que je tâche d'être votre singe et de vous contrefaire en tout.

CLIMÈNE. — Vous vous moquez de moi, madame.

ÉLISE. — Pardonnez-moi, madame. Qui voudrait se moquer de vous ?

CLIMÈNE. — Je ne suis pas un bon modèle, madame.

ÉLISE. — Oh que si, madame !

CLIMÈNE. — Vous me flattez, madame.

ÉLISE. — Point du tout, madame.

CLIMÈNE. — Épargnez-moi, s'il vous plaît, madame.

ÉLISE. — Je vous épargne aussi, madame ; et je ne dis pas la moitié de ce que je pense, madame.

CLIMÈNE. — Ah ! mon Dieu ! brisons là, de grâce ! Vous me jetteriez dans une confusion épouvantable. Enfin (*à Uranie*) nous voilà deux contre vous ; et l'opiniâtreté sied si mal aux personnes spirituelles...

SCÈNE IV.
LE MARQUIS, CLIMÈNE, URANIE, ÉLISE, GALOPIN.

GALOPIN *à la porte de la chambre*. — Arrêtez, s'il vous plaît, monsieur !

LE MARQUIS. — Tu ne me connais pas, sans doute !

GALOPIN. — Si fait, je vous connais ; mais vous n'entrerez pas.

LE MARQUIS. — Ah ! que de bruit, petit laquais !

GALOPIN. — Cela n'est pas bien de vouloir entrer malgré les gens.

LE MARQUIS. — Je veux voir ta maîtresse.

GALOPIN. — Elle n'y est pas, vous dis-je.

LE MARQUIS. — La voilà dans sa chambre.

GALOPIN. — Il est vrai, la voilà : mais elle n'y est pas.

URANIE. — Qu'est-ce donc qu'il y a là ?

LE MARQUIS. — C'est votre laquais, madame, qui fait le sot.

GALOPIN. — Je lui dis que vous n'y êtes pas, madame ; et il ne veut pas laisser d'entrer.

URANIE. — Et pourquoi dire à monsieur que je n'y suis pas ?

GALOPIN. — Vous me grondâtes l'autre jour de lui avoir dit que vous y étiez.

URANIE. — Voyez cet insolent ! Je vous prie, monsieur, de ne pas croire ce qu'il dit. C'est un petit écervelé qui vous a pris pour un autre.

LE MARQUIS. — Je l'ai bien vu, madame ; et, sans votre respect, je lui aurais appris à connaître les gens de qualité.

ÉLISE. — Ma cousine vous est fort obligée de cette déférence.

URANIE *à Galopin*. — Un siége donc, impertinent !

GALOPIN. — N'en voilà-t-il pas un ?

URANIE. — Approchez-le.

(*Galopin pousse le siége rudement et sort.*)

SCÈNE V.
LE MARQUIS, CLIMÈNE, URANIE, ÉLISE.

LE MARQUIS. — Votre petit laquais, madame, a du mépris pour ma personne.

ÉLISE. — Il aurait tort, sans doute.

LE MARQUIS. — C'est peut-être que je paye l'intérêt de ma mauvaise mine. (*Il rit.*) Hai, hai, hai, hai.

ÉLISE. — L'âge le rendra plus éclairé en honnêtes gens.

LE MARQUIS. — Sur quoi en étiez-vous, mesdames, lorsque je vous ai interrompues ?

URANIE. — Sur la comédie de *l'École des Femmes*.

LE MARQUIS. — Je ne fais que d'en sortir.

CLIMÈNE. — Hé bien, monsieur, comment la trouvez-vous, s'il vous plaît ?

CLIMÈNE. — Ah ! que j'en suis ravie !

LE MARQUIS. — Tout à fait impertinente.

LE MARQUIS. — C'est la plus méchante chose du monde. Comment diable ! ai-je pu trouver place. J'ai pensé être étouffé à la porte, et jamais on ne m'a tant marché sur les pieds. Voyez comme mes canons et mes rubans sont ajustés, de grâce !

ÉLISE. — Il est vrai que cela crie vengeance contre *l'École des Femmes*, et que vous la condamnez avec justice.

LE MARQUIS. — Il ne s'est jamais fait, je pense, une si méchante comédie.

URANIE. — Ah ! voici Dorante, que nous attendions.

SCÈNE VI.
DORANTE, CLIMÈNE, URANIE, ÉLISE, LE MARQUIS.

DORANTE. — Ne bougez, de grâce, et n'interrompez point votre discours. Vous êtes là sur une matière qui, depuis quatre jours, fait presque l'entretien de toutes les maisons de Paris ; et jamais on n'a rien vu de si plaisant que la diversité des jugements qui se font là-dessus : car enfin j'ai ouï condamner cette comédie à certaines gens par les mêmes choses que j'ai vu d'autres estimer le plus.

URANIE. — Voilà monsieur le marquis qui en dit force mal.

LE MARQUIS. — Il est vrai, je la trouve détestable, morbleu ! détestable, du dernier détestable, ce qu'on appelle détestable.

DORANTE. — Et moi, mon cher marquis, je trouve le jugement détestable.

LE MARQUIS. — Quoi ! chevalier, est-ce que tu prétends soutenir cette pièce ?

DORANTE. — Oui, je prétends la soutenir.

LE MARQUIS. — Parbleu ! je la garantis détestable.

DORANTE. — La caution n'est pas bourgeoise. Mais, marquis, par quelle raison, de grâce, cette comédie est-elle ce que tu dis ?

LE MARQUIS. — Pourquoi elle est détestable ?

DORANTE. — Oui.

LE MARQUIS. — Elle est détestable, parce qu'elle est détestable.

DORANTE. — Après cela il n'y a plus rien à dire, voilà son procès fait ; mais encore instruis-nous, et nous dis les défauts qui y sont.

LE MARQUIS. — Que sais-je, moi ? Je ne me suis pas seulement donné la peine de l'écouter. Mais enfin je sais bien que je n'ai jamais rien vu de si méchant, Dieu me sauve ! et Dorilas, contre qui j'étais, a été de mon avis.

DORANTE. — L'autorité est belle, et te voilà bien appuyé !

LE MARQUIS. — Il ne faut que voir les continuels éclats de rire que le parterre y fait. Je ne veux point d'autre chose pour témoigner qu'elle ne vaut rien.

DORANTE. — Tu es donc, marquis, de ces messieurs du bel air qui ne veulent pas que le parterre ait du sens commun, et qui seraient fâchés d'avoir ri avec lui, fût-ce de la meilleure chose du monde ? Je vis l'autre jour sur le théâtre un de nos amis qui se rendit ridicule par là. Il écouta toute la pièce avec un sérieux le plus sombre du monde ; et tout ce qui égayait les autres ridait son front. A tous les éclats de risée, il haussait les épaules, et regardait le parterre en pitié ; et quelquefois aussi le regardant avec dépit, il lui disait tout haut : *Ris donc, parterre, ris donc !* Ce fut une seconde comédie que le chagrin de notre ami : il la donna en galant homme à toute l'assemblée, et chacun demeura d'accord qu'on ne pouvait pas mieux jouer qu'il fit. Apprends, marquis, je te prie, et les autres aussi, que le bon sens n'a point de place déterminée à la comédie ; que la différence du demi-louis d'or et de la pièce de quinze sous ne fait rien du tout au bon goût ; que debout ou assis on peut donner un mauvais jugement ; et qu'enfin, à le prendre en général, je me ferais assez de l'approbation du parterre, par la raison qu'entre ceux qui le composent il y en a plusieurs qui sont capables de juger d'une pièce selon les règles, et que les autres en jugent par la bonne façon d'en juger, qui est de se laisser prendre aux choses, et de n'avoir ni prévention aveugle, ni complaisance affectée, ni délicatesse ridicule.

LE MARQUIS. — Te voilà donc, chevalier, le défenseur du parterre ? Parbleu ! je m'en réjouis, et je ne manquerai pas de l'avertir que tu es de ses amis. Hai, hai, hai, hai, hai, hai.

DORANTE. — Ris tant que tu voudras. Je suis pour le bon sens, et ne saurais souffrir les ébullitions de cerveau de nos marquis de Mascarille. J'enrage de voir de ces gens qui se traduisent en ridicules malgré leur qualité ; de ces gens qui décident toujours et parlent hardiment de toutes choses sans s'y connaître ; qui, dans une comédie, se récrieront aux méchants endroits, et ne branleront pas à ceux qui sont bons ; qui, voyant un tableau ou écoutant un concert de musique, blâment de même, et louent tout à contre-sens, prennent par où ils peuvent les termes de l'art qu'ils attrapent, et ne manquent jamais de les estropier et de les mettre hors de place. Hé ! morbleu ! messieurs, taisez-vous. Quand Dieu ne vous a pas donné la connaissance d'une chose, n'apprêtez point à rire à ceux qui vous entendent parler ; et songez qu'en ne disant mot on croira peut-être que vous êtes d'habiles gens.

LE MARQUIS. — Parbleu ! chevalier, tu le prends là...

DORANTE. — Mon Dieu ! marquis, ce n'est pas à toi que je parle ; c'est à une douzaine de messieurs qui déshonorent les gens de cour par leurs manières extravagantes, et font croire parmi le peuple que nous nous ressemblons tous. Pour moi, je m'en veux justifier le plus qu'il me sera possible, et je les dauberai tant en toutes rencontres, qu'à la fin ils se rendront sages.

LE MARQUIS. — Dis-moi un peu, chevalier : crois-tu que Lysandre ait de l'esprit ?

DORANTE. — Oui, sans doute, et beaucoup.

URANIE. — C'est une chose qu'on ne peut pas nier.

LE MARQUIS. — Demande-lui ce qu'il lui semble de *l'École des Femmes*, tu verras qu'il te dira qu'elle ne lui plaît pas.

DORANTE. — Hé ! mon Dieu ! il y en a beaucoup que le trop d'esprit gâte, qui voient mal les choses à force de lumières, et même qui seraient fâchés d'être de l'avis des autres, pour avoir la gloire de décider.

URANIE. — Il est vrai. Notre ami est de ces gens-là, sans doute. Il veut être le premier de son opinion, et qu'on attende par respect son jugement. Toute approbation qui marche avant la sienne est un attentat sur ses lumières, dont il se venge hautement en prenant le contraire parti. Il veut qu'on le consulte sur toutes les affaires d'esprit ; et je suis sûre que si l'auteur lui eût montré sa comédie avant que de la faire voir au public, il l'eût trouvée la plus belle du monde.

LE MARQUIS. — Et que direz-vous de la marquise Araminte, qui la publie partout pour épouvantable, et dit qu'elle n'a pu jamais souffrir les ordures dont elle est pleine?

DORANTE. — Je dirai que cela est digne du caractère qu'elle a pris, et qu'il y a des personnes qui se rendent ridicules pour avoir trop d'honneur. Bien qu'elle ait de l'esprit, elle a suivi le mauvais exemple de celles qui, étant sur le retour de l'âge, veulent remplacer de quelque chose ce qu'elles voient qu'elles perdent, et prétendent que les grimaces d'une pruderie scrupuleuse leur tiendront lieu de jeunesse et de beauté. Celle-ci pousse l'affaire plus avant qu'aucune; et l'habileté de son scrupule découvre des saletés où jamais personne n'en avait vu. On tient qu'il va, ce scrupule, jusqu'à défigurer notre langue, et qu'il n'y a presque point de mots dont la sévérité de cette dame ne veuille retrancher ou la tête ou la queue pour les syllabes déshonnêtes qu'elle y trouve.

URANIE. — Vous êtes bien fou, chevalier.

LE MARQUIS. — Enfin, chevalier, tu crois défendre ta comédie en faisant la satire de ceux qui la condamnent.

DORANTE. — Non pas; mais je tiens que cette dame se scandalise à tort...

ÉLISE. — Tout beau, monsieur le chevalier! il pourrait y en avoir d'autres qu'elle qui seraient dans les mêmes sentiments.

DORANTE. — Je sais bien que ce n'est pas vous, au moins; et que, lorsque vous avez vu cette représentation...

ÉLISE. — Il est vrai, mais j'ai changé d'avis; et madame (*montrant Climène*) sait appuyer le sien par des raisons si convaincantes, qu'elle m'a entraînée de son côté.

DORANTE *à Climène*. — Ah! madame, je vous demande pardon; et, si vous le voulez, je me dédirai, pour l'amour de vous, de tout ce que j'ai dit.

CLIMÈNE. — Je ne veux pas que ce soit pour l'amour de moi, mais pour l'amour de la raison: car enfin cette pièce, à la bien prendre, est tout à fait indéfendable; et je ne conçois pas...

URANIE. — Ah! voici l'auteur monsieur Lysidas. Il vient tout à propos pour cette matière. Monsieur Lysidas, prenez un siège vous-même, et vous mettez là.

SCÈNE VII.
LYSIDAS, CLIMÈNE, URANIE, ÉLISE, DORANTE, LE MARQUIS.

LYSIDAS. — Madame, je viens un peu tard: mais il m'a fallu lire ma pièce chez madame la marquise dont je vous avais parlé; et les louanges qui lui ont été données m'ont retenu une heure plus que je ne croyais.

ÉLISE. — C'est un grand charme que les louanges pour arrêter un auteur.

URANIE. — Asseyez-vous donc, monsieur Lysidas; nous lirons votre pièce après souper.

LYSIDAS. — Tous ceux qui étaient là doivent venir à sa première représentation, et m'ont promis de faire leur devoir comme il faut.

URANIE. — Je le crois. Mais, encore une fois, asseyez-vous, s'il vous plaît. Nous sommes ici sur une matière que je serai bien aise que nous poussions.

LYSIDAS. — Je pense, madame, que vous retiendrez aussi une loge pour ce jour-là?

URANIE. — Nous verrons. Poursuivons, de grâce, notre discours.

LYSIDAS. — Je vous donne avis, madame, qu'elles sont presque toutes retenues.

URANIE. — Voilà qui est bien. Enfin j'avais besoin de vous, lorsque vous êtes venu, et tout le monde était ici contre moi.

ÉLISE *à Uranie en montrant Dorante*. — Il s'est mis d'abord de votre côté: mais maintenant qu'il sait que madame (*montrant Climène*) est à la tête du parti contraire, je pense que vous n'avez qu'à chercher un autre secours.

CLIMÈNE. — Non, non, je ne voudrais pas qu'il fît mal sa cour auprès de madame votre cousine, et je permets à son esprit d'être du parti de son cœur.

DORANTE. — Avec cette permission, madame, je prendrai la hardiesse de me défendre.

URANIE. — Mais, auparavant, sachons un peu les sentiments de monsieur Lysidas.

LYSIDAS. — Sur quoi, madame?

URANIE. — Sur le sujet de *l'École des Femmes*.

LYSIDAS. — Ah! ah!

DORANTE. — Que vous en semble?

LYSIDAS. — Je n'ai rien à dire là-dessus, et vous savez qu'entre nous autres auteurs nous devons parler des ouvrages les uns des autres avec beaucoup de circonspection.

DORANTE. — Mais encore, entre nous, que pensez-vous de cette comédie?

LYSIDAS. — Moi, monsieur?

URANIE. — De bonne foi, dites-nous votre avis.

LYSIDAS. — Je la trouve fort belle.

DORANTE. — Assurément?

LYSIDAS. — Assurément. Pourquoi non? n'est-elle pas en effet la plus belle du monde?

DORANTE. — Hon, hon, vous êtes un méchant diable, monsieur Lysidas; vous ne dites pas ce que vous pensez.

LYSIDAS. — Pardonnez-moi.

DORANTE. — Mon Dieu! je vous connais. Ne dissimulons point.

LYSIDAS. — Moi, monsieur?

DORANTE. — Je vois bien que le bien que vous dites de cette pièce n'est que par honnêteté, et que, dans le fond du cœur, vous êtes de l'avis de beaucoup de gens qui la trouvent mauvaise.

LYSIDAS. — Hai, hai, hai.

DORANTE. — Avouez, ma foi, que c'est une méchante chose que cette comédie.

LYSIDAS. — Il est vrai qu'elle n'est pas approuvée par les connaisseurs.

LE MARQUIS. — Ma foi, chevalier, tu en tiens, et te voilà payé de ta raillerie. Ah, ah, ah, ah, ah.

DORANTE. — Pousse, mon cher marquis, pousse!

LE MARQUIS. — Tu vois que nous avons les savants de notre côté.

DORANTE. — Il est vrai, le jugement de monsieur Lysidas est quelque chose de considérable; mais monsieur Lysidas veut bien que je ne me rende pas pour cela: et puisque j'ai bien l'audace de me défendre contre les sentiments de madame (*montrant Climène*), il ne trouvera pas mauvais que je combatte les siens.

ÉLISE. — Quoi! vous voyez contre vous madame, monsieur le marquis et monsieur Lysidas; et vous osez résister encore! Fi! que cela est de mauvaise grâce!

CLIMÈNE. — Voilà qui me confond, pour moi, que des personnes raisonnables se puissent mettre en tête de donner protection aux sottises de cette pièce.

LE MARQUIS. — Dieu me damne! madame, elle est misérable depuis le commencement jusqu'à la fin.

DORANTE. — Cela est bientôt dit, marquis. Il n'est rien plus aisé que de trancher ainsi; et il n'y a aucune chose qui puisse être à couvert de la souveraineté de tes décisions.

LE MARQUIS. — Parbleu! tous les autres comédiens qui étaient là pour la voir en ont dit tous les maux du monde.

DORANTE. — Ah! je ne dis plus mot; tu as raison, marquis. Puisque les autres comédiens en disent du mal, il faut les en croire assurément: ce sont tous gens éclairés et qui parlent sans intérêt. Il n'y a plus rien à dire, je me rends.

CLIMÈNE. — Rendez-vous, ou ne vous rendez pas, je sais fort bien que vous ne me persuaderez point de souffrir les immodesties de cette pièce, non plus que les satires désobligeantes qu'on y voit contre les femmes.

URANIE. — Pour moi, je me garderai bien de m'en offenser et de prendre rien sur mon compte de tout ce qui s'y dit. Ces sortes de satires tombent directement sur les mœurs, et ne frappent les personnes que par réflexion. N'allons point nous appliquer à nous-mêmes les traits d'une censure générale; et profitons de la leçon, si nous pouvons, sans faire semblant qu'on parle à nous. Toutes les peintures ridicules qu'on expose sur les théâtres doivent être regardées sans chagrin de tout le monde. Ce sont miroirs publics où il ne faut jamais témoigner qu'on se voie; et c'est se taxer hautement d'un défaut que se scandaliser qu'on le reprenne.

CLIMÈNE. — Pour moi, je ne parle pas de ces choses par la part que j'y puisse avoir, et je pense que je vis d'un air dans le monde à ne pas craindre d'être cherchée dans les peintures qu'on fait là des femmes qui se gouvernent mal.

ÉLISE. — Assurément, madame, on ne vous y cherchera point. Votre conduite est assez connue, et ce sont de ces sortes de choses qui ne sont contestées de personne.

URANIE *à Climène*. — Aussi, madame, n'ai-je rien dit qui aille à vous; et mes paroles, comme les satires de la comédie, demeurent dans la thèse générale.

CLIMÈNE. — Je n'en doute pas, madame. Mais enfin passons sur ce chapitre. Je ne sais pas de quelle façon vous recevez les injures qu'on fait à notre sexe dans un certain endroit de la pièce; et pour moi, je vous avoue que je suis dans une colère épouvantable de voir que cet auteur impertinent nous appelle des *animaux*.

URANIE. — Ne voyez-vous pas que c'est un ridicule qu'il fait parler?

DORANTE. — Et puis, madame, ne savez-vous pas que les injures des amants n'offensent jamais; qu'il est des amours emportés aussi bien que des doucereux; et qu'en de pareilles occasions les paroles les plus étranges, et quelque chose de pis encore, se prennent bien souvent pour des marques d'affection par celles mêmes qui les reçoivent?

ÉLISE. — Dites tout ce que vous voudrez, je ne saurais digérer cela, non plus que le *potage* et la *tarte à la crème* dont madame a parlé tantôt.

LE MARQUIS. — Ah! ma foi, oui, *tarte à la crème*! Voilà ce que j'avais remarqué tantôt; *tarte à la crème*! Que je vous suis obligé, madame, de m'avoir fait souvenir de *tarte à la crème*! Y a-t-il assez de pommes en Normandie pour *tarte à la crème*? *Tarte à la crème*, morbleu! *tarte à la crème*!

DORANTE. — Hé bien! que veux-tu dire? *tarte à la crème*!

LE MARQUIS. — Parbleu! *tarte à la crème*, chevalier.

DORANTE. — Mais encore?

SCÈNE VII.

LE MARQUIS. — *Tarte à la crème.*
DORANTE. — Dis-nous un peu tes raisons.
LE MARQUIS. — *Tarte à la crème.*
URANIE. — Mais il faut expliquer sa pensée, ce me semble.
LE MARQUIS. — *Tarte à la crème*, madame.
URANIE. — Que trouvez-vous là à redire ?
LE MARQUIS. — Moi ? rien. *Tarte à la crème.*
URANIE. — Ah ! je le quitte.
ÉLISE. — Monsieur le marquis s'y prend bien et vous bourre de la belle manière. Mais je voudrais bien que monsieur Lysidas voulût les achever et leur donner quelques petits coups de sa façon.
LYSIDAS. — Ce n'est pas ma coutume de rien blâmer, et je suis assez indulgent pour les ouvrages des autres. Mais enfin, sans choquer l'amitié que monsieur le chevalier témoigne pour l'auteur, on m'avouera que ces sortes de comédies ne sont pas proprement des comédies, et qu'il y a une grande différence de toutes ces bagatelles à la beauté des pièces sérieuses. Cependant tout le monde donne là-dedans aujourd'hui ; on ne court plus qu'à cela, et l'on voit une solitude effroyable aux grands ouvrages lorsque des sottises ont tout Paris. Je vous avoue que le cœur m'en saigne quelquefois, et cela est honteux pour la France.
CLIMÈNE. — Il est vrai que le goût des gens est étrangement gâté là-dessus, et que le siècle s'encanaille furieusement.
ÉLISE. — Celui-là est joli encore, s'*encanaille !* Est-ce vous qui l'avez inventé, madame ?
CLIMÈNE. — Hé !
ÉLISE. — Je m'en suis bien doutée.
DORANTE. — Vous croyez donc, monsieur Lysidas, que tout l'esprit et toute la beauté sont dans les poëmes sérieux, et que les pièces comiques sont des niaiseries qui ne méritent aucune louange ?
URANIE. — Ce n'est pas mon sentiment, pour moi. La tragédie, sans doute, est quelque chose de beau quand elle est bien touchée ; mais la comédie a ses charmes, et je tiens que l'une n'est pas moins difficile que l'autre.
DORANTE. — Assurément, madame ; et quand, pour la difficulté, vous mettriez un peu plus du côté de la comédie, peut-être que vous ne vous abuseriez pas : car enfin je trouve qu'il est bien plus aisé de se guinder sur de grands sentiments, de braver en vers la fortune, accuser les destins, et dire des injures aux dieux, que d'entrer comme il faut dans le ridicule des hommes, et de rendre agréablement sur le théâtre les défauts de tout le monde. Lorsque vous peignez des héros, vous faites ce que vous voulez ; ce sont des portraits à plaisir, où l'on ne cherche point de ressemblance ; et vous n'avez qu'à suivre les traits d'une imagination qui se donne l'essor, et qui souvent laisse le vrai pour attraper le merveilleux. Mais, lorsque vous peignez les hommes, il faut peindre d'après nature : on veut que ces portraits ressemblent ; et vous n'avez rien fait si vous n'y faites reconnaître les gens de votre siècle. En un mot, dans les pièces sérieuses, il suffit, pour n'être point blâmé, de dire des choses qui soient de bon sens et bien écrites : mais ce n'est pas assez dans les autres, il y faut plaisanter ; et c'est une étrange entreprise que celle de faire rire les honnêtes gens.
CLIMÈNE. — Je crois être du nombre des honnêtes gens, et cependant je n'ai pas trouvé le mot pour rire dans tout ce que j'ai vu.
LE MARQUIS. — Ma foi, ni moi non plus.
DORANTE. — Pour toi, marquis, je ne m'en étonne pas : c'est que tu n'y as point trouvé de turlupinades.
LYSIDAS. — Ma foi, monsieur, ce qu'on y rencontre ne vaut guère mieux ; et toutes les plaisanteries y sont assez froides, à mon avis.
DORANTE. — La cour n'a pas trouvé cela...
LYSIDAS. — Ah ! monsieur, la cour !
DORANTE. — Achevez, monsieur Lysidas. Je vois bien que vous voulez dire que la cour ne se connaît pas à ces choses ; et c'est le refuge ordinaire de vous autres messieurs les auteurs, dans le mauvais succès de vos ouvrages, que d'accuser l'injustice du siècle et le peu de lumières des courtisans. Sachez, s'il vous plaît, monsieur Lysidas, que les courtisans ont d'aussi bons yeux que d'autres ; qu'on peut être habile avec un point de Venise et des plumes aussi bien qu'avec une perruque courte et un petit rabat uni ; que la grande épreuve de toutes vos comédies, c'est le jugement de la cour ; que c'est son goût qu'il faut étudier pour trouver l'art de réussir ; qu'il n'y a point de lieu où les décisions soient si justes ; et, sans mettre en ligne de compte tous les gens savants qui y sont, que, du simple bon sens naturel et du commerce de tout le beau monde, on s'y fait une manière d'esprit qui, sans comparaison, juge plus finement des choses que tout le savoir enrouillé des pédants.
URANIE. — Il est vrai que, pour peu qu'on y demeure, il vous passe là tous les jours assez de choses devant les yeux pour acquérir quelque habitude de les connaître, et surtout pour ce qui est de la bonne ou mauvaise plaisanterie.
DORANTE. — La cour a quelques ridicules, j'en demeure d'accord ; et je suis, comme on voit, le premier à les fronder : mais, ma foi, il y en a un grand nombre parmi les beaux esprits de profession ; et, si l'on joue quelques marquis, je trouve qu'il y a bien plus de quoi jouer les auteurs, et que ce serait une chose plaisante à mettre sur le théâtre que leurs grimaces savantes et leurs raffinements ridicules, leur vicieuse coutume d'assassiner les gens de leurs ouvrages, leur friandise de louanges, leurs ménagements de pensées, leur trafic de réputation, et leurs ligues offensives et défensives, aussi bien que leurs guerres d'esprit et leurs combats de prose et de vers.

LYSIDAS. — Molière est bien heureux, monsieur, d'avoir un protecteur aussi chaud que vous. Mais enfin, pour venir au fait, il est question de savoir si sa pièce est bonne ; et je m'offre d'y montrer partout cent défauts visibles.
URANIE. — C'est une étrange chose de vous autres messieurs les poëtes, que vous condamniez toujours les pièces où tout le monde court et ne disiez jamais du bien que de celles où personne ne va ! Vous montrez pour les unes une haine invincible, et pour les autres une tendresse qui n'est pas concevable.
DORANTE. — C'est qu'il est généreux de se ranger du côté des affligés.
URANIE. — Mais, de grâce, monsieur Lysidas, faites-nous voir ces défauts dont je ne me suis point aperçue.
LYSIDAS. — Ceux qui possèdent Aristote et Horace voient d'abord, madame, que cette comédie pèche contre toutes les règles de l'art.
URANIE. — Je vous avoue que je n'ai aucune habitude avec ces messieurs-là, et que je ne sais point les règles de l'art.
DORANTE. — Vous êtes de plaisantes gens avec vos règles dont vous embarrassez les ignorants et nous étourdissez tous les jours ! Il semble, à vous ouïr parler, que ces règles de l'art soient les plus grands mystères du monde, et cependant ce ne sont que quelques observations aisées que le bon sens a faites sur ce qui peut ôter le plaisir que l'on prend à ces sortes de poëmes ; et le même bon sens qui a fait autrefois ces observations les fait fort aisément tous les jours sans le secours d'Horace et d'Aristote. Je voudrais bien savoir si la grande règle de toutes les règles n'est pas de plaire, et si une pièce de théâtre qui a attrapé son but n'a pas suivi un bon chemin. Veut-on que tout un public s'abuse sur ces sortes de choses, et que chacun n'y soit pas juge du plaisir qu'il y prend ?
URANIE. — J'ai remarqué une chose de ces messieurs-là : c'est que ceux qui parlent le plus des règles, et qui savent mieux que les autres, font des comédies que personne ne trouve belles.
DORANTE. — Et c'est ce qui marque, madame, comme on doit s'arrêter à leurs disputes embarrassées. Car enfin, si les pièces qui sont selon les règles ne plaisent pas, et que celles qui plaisent ne soient pas selon les règles, il faudrait, de nécessité, que les règles eussent été mal faites. Moquons-nous donc de cette chicane où ils veulent assujettir le goût du public, et ne consultons dans une comédie que l'effet qu'elle fait sur nous. Laissons-nous aller de bonne foi aux choses qui nous prennent par les entrailles, et ne cherchons point de raisonnements pour nous empêcher d'avoir du plaisir.
URANIE. — Pour moi, quand je vois une comédie, je regarde seulement si les choses me touchent ; et, lorsque je m'y suis bien divertie, je ne vais point demander si j'ai eu tort, et si les règles d'Aristote me défendaient de rire.
DORANTE. — C'est justement comme un homme qui aurait trouvé une sauce excellente, et qui voudrait examiner si elle est bonne sur les préceptes du *Cuisinier français*.
URANIE. — Il est vrai ; et j'admire les raffinements de certaines gens sur des choses que nous devons sentir nous-mêmes.
DORANTE. — Vous avez raison, madame, de les trouver étranges, tous ces raffinements mystérieux. Car enfin, s'ils ont lieu, nous voilà réduits à ne nous plus croire, nos propres sens seront esclaves en toutes choses ; et, jusqu'au manger et au boire, nous n'oserons plus trouver rien de bon sans le congé de messieurs les experts.
LYSIDAS. — Enfin, monsieur, toute votre raison, c'est que *l'École des Femmes* a plu ; et vous ne vous souciez point qu'elle ne soit pas dans les règles, pourvu...
DORANTE. — Tout beau, monsieur Lysidas ; je ne vous accorde pas cela. Je dis bien que le grand art est de plaire, et que, cette comédie ayant plu à ceux pour qui elle est faite, je trouve que c'est assez pour elle, et qu'elle doit peu se soucier du reste. Mais, avec cela, je soutiens qu'elle ne pèche contre aucune des règles dont vous parlez : je les ai lues, Dieu merci, autant qu'un autre, et je ferais voir aisément que peut-être n'avons-nous point de pièce au théâtre plus régulière que celle-là.
ÉLISE. — Courage, monsieur Lysidas ; nous sommes perdus si vous reculez.
LYSIDAS. — Quoi ! monsieur, la protase, l'épitase et la péripétie....
DORANTE. — Ah ! monsieur Lysidas, vous nous assommez avec vos grands mots. Ne paraissez point si savant, de grâce ! humanisez votre discours, et parlez pour être entendu. Pensez-vous qu'un nom grec donne plus de poids à vos raisons, et ne trouveriez-vous pas qu'il fût aussi beau de dire l'exposition du sujet que la protase, le nœud que l'épitase, et le dénoûment que la péripétie !
LYSIDAS. — Ce sont termes de l'art, dont il est permis de se servir. Mais, puisque ces mots blessent vos oreilles, je m'expliquerai d'une autre façon, et je vous prie de répondre positivement à trois ou quatre choses que je vais dire. Peut-on souffrir une pièce qui pèche contre le nom propre des pièces de théâtre ? Car enfin le nom de poëme dramatique vient d'un mot grec qui signifie *agir*, pour montrer que la nature de ce poëme consiste dans l'action ; et, dans cette comédie-ci,

il ne se passe point d'actions, et tout consiste en des récits que vient faire ou Agnès ou Horace.

LE MARQUIS. — Ah! ah! chevalier!

CLIMÈNE. — Voilà qui est spirituellement remarqué, et c'est prendre le fin des choses.

LYSIDAS. — Est-il rien de si peu spirituel, ou, pour mieux dire, rien de si bas, que quelques mots où tout le monde rit, et surtout celui des *enfants par l'oreille?*

CLIMÈNE. — Fort bien.

ÉLISE. — Ah!

LYSIDAS. — La scène du valet et de la servante au dedans de la maison n'est-elle pas d'une longueur ennuyeuse et tout à fait impertinente?

LE MARQUIS. — Cela est vrai.

LIMÈNE. — Assurément.

ÉLISE. — Il a raison.

LYSIDAS. — Arnolphe ne donne-t-il pas trop librement son argent à Horace? Et puisque c'est le personnage ridicule de la pièce, fallait-il lui faire faire l'action d'un honnête homme?

LE MARQUIS. — Bon. La remarque est encore bonne.

CLIMÈNE. — Admirable.

ÉLISE. — Merveilleuse.

LYSIDAS. — Le sermon et les maximes ne sont-elles pas des choses ridicules et qui choquent même le respect que l'on doit à nos mystères?

LE MARQUIS. — C'est bien dit.

CLIMÈNE. — Voilà parler comme il faut.

ÉLISE. — Il ne se peut rien de mieux.

LYSIDAS. — Et ce monsieur de la Souche, enfin, qu'on nous fait un homme d'esprit et qui paraît si sérieux en tant d'endroits, ne descend-il point dans quelque chose de trop comique et de trop outré au cinquième acte, lorsqu'il explique à Agnès la violence de son amour avec ces roulements d'yeux extravagants, ces soupirs ridicules et ces larmes niaises qui font rire tout le monde?

LE MARQUIS. — Morbleu! merveille!

CLIMÈNE. — Miracle!

ÉLISE. — *Vivat monsieur* Lysidas!

LYSIDAS. — Je laisse cent mille autres choses, de peur d'être ennuyeux.

LE MARQUIS. — Parbleu! chevalier, te voilà mal ajusté.

DORANTE. — Il faut voir.

LE MARQUIS. — Tu as trouvé ton homme.

DORANTE. — Peut-être.

LE MARQUIS. — Réponds, réponds, réponds, réponds.

DORANTE. — Volontiers. Il...

LE MARQUIS. — Réponds donc, je te prie.

DORANTE. — Laisse-moi donc faire. Si...

LE MARQUIS. — Parbleu! je te défie de répondre.

DORANTE. — Oui, si tu parles toujours.

CLIMÈNE. — De grâce, écoutons ses raisons.

DORANTE. — Premièrement, il n'est pas vrai de dire que toute la pièce n'est qu'en récits. On y voit beaucoup d'actions qui se passent sur la scène : et les récits eux-mêmes y sont des actions suivant la constitution du sujet; d'autant qu'ils sont tous faits innocemment, ces récits, à la personne intéressée, qui, par là, entre à tous coups dans une confusion à réjouir les spectateurs, et prend, à chaque nouvelle, toutes les mesures qu'il peut pour se parer du malheur qu'il craint.

URANIE. — Pour moi, je trouve que la beauté du sujet de *l'Ecole des Femmes* consiste dans cette confidence perpétuelle; et ce qui me paraît assez plaisant, c'est qu'un homme qui a de l'esprit, et qui est averti de tout par une innocente qui est sa maîtresse et par un étourdi qui est son rival, ne puisse avec cela éviter ce qui lui arrive.

LE MARQUIS. — Bagatelle, bagatelle.

CLIMÈNE. — Faible réponse.

ÉLISE. — Mauvaises raisons.

DORANTE. — Pour ce qui est des *enfants par l'oreille*, ils ne sont plaisants que par réflexion à Arnolphe; et l'auteur n'a pas mis cela pour être de soi un bon mot, mais seulement pour une chose qui caractérise l'homme, et peint d'autant mieux son extravagance, puisqu'il rapporte une sottise triviale qu'a dite Agnès, comme la chose la plus belle du monde et qui lui donne une joie inconcevable.

LE MARQUIS. — C'est mal répondre.

CLIMÈNE. — Cela ne satisfait point.

ÉLISE. — C'est ne rien dire.

DORANTE. — Quant à l'argent qu'il donne librement, outre que la lettre de son meilleur ami lui est une caution suffisante, il n'est pas incompatible qu'une personne soit ridicule en de certaines choses et honnête homme en d'autres. Et, pour la scène d'Alain et de Georgette dans le logis, que quelques-uns ont trouvée longue et froide, il est certain qu'elle n'est pas sans raison; et, de même qu'Arnolphe se trouve attrapé pendant son voyage par la pure innocence de sa maîtresse, il demeure au retour longtemps à sa porte par l'innocence de ses valets, afin qu'il soit partout puni par les choses qu'il a cru faire la sûreté de ses précautions.

LE MARQUIS. — Voilà des raisons qui ne valent rien.

CLIMÈNE. — Tout cela ne fait que blanchir.

ÉLISE. — Cela fait pitié.

DORANTE. — Pour le discours moral que vous appelez un sermon, il est certain que de vrais dévots qui l'ont ouï n'ont pas trouvé qu'il choquât ce que vous dites; et sans doute que ces paroles d'*enfer* et de *chaudières bouillantes* sont assez justifiées par l'extravagance d'Arnolphe et par l'innocence de celle à qui il parle. Et quant au transport amoureux du cinquième acte, qu'on accuse d'être trop outré et trop comique, je voudrais bien savoir si ce n'est pas faire la satire des amants, et si les honnêtes gens même et les plus sérieux, en de pareilles occasions, ne font pas des choses...

LE MARQUIS. — Ma foi, chevalier, tu ferais mieux de te taire.

DORANTE. — Fort bien. Mais enfin si nous nous regardions nous-mêmes, quand nous sommes bien amoureux...

LE MARQUIS. — Je ne veux pas seulement t'écouter.

DORANTE. — Ecoute-moi si tu veux. Est-ce que dans la violence de la passion...?

LE MARQUIS. — La, la, la, la, lare, la, la, la, la.

(*Il chante.*)

DORANTE. — Quoi!...

LE MARQUIS. — La, la, la, lare, la, la, la, la, la.

DORANTE. — Je ne sais pas si...

LE MARQUIS. — La, la, la, la, lare, la, la, la, la, la.

DORANTE. — Il me semble que...

LE MARQUIS. — La, la, la, lare, la, la, la, la, la, la, la.

URANIE. — Il se passe des choses assez plaisantes dans notre dispute. Je trouve qu'on en pourrait bien faire une petite comédie, et que cela ne serait pas trop mal à la queue de *l'Ecole des Femmes*.

DORANTE. — Vous avez raison.

LE MARQUIS. — Parbleu! chevalier, tu jouerais là-dedans un rôle qui ne te serait pas désavantageux.

DORANTE. — Il est vrai, marquis.

CLIMÈNE. — Pour moi, je souhaiterais que cela se fît, pourvu qu'on traitât l'affaire comme elle s'est passée.

ÉLISE. — Et moi, je fournirais de bon cœur mon personnage.

LYSIDAS. — Je ne refuserais pas le mien, que je pense.

URANIE. — Puisque chacun en serait content, chevalier, faites un mémoire de tout, et le donnez à Molière, que vous connaissez, pour le mettre en comédie.

CLIMÈNE. — Il n'aurait garde, sans doute, et ce ne serait pas des vers à sa louange.

URANIE. — Point, point : je connais son humeur; il ne se soucie pas qu'on fronde ses pièces, pourvu qu'il y vienne du monde.

DORANTE. — Oui. Mais quel dénoûment pourrait-il trouver à ceci? car il ne saurait y avoir ni mariage ni reconnaissance, et je ne sais point par où l'on pourrait faire finir la dispute.

URANIE. — Il faudrait rêver à quelque incident pour cela.

SCÈNE VIII.

CLIMÈNE, URANIE, ÉLISE, DORANTE, LE MARQUIS, LYSIDAS, GALOPIN.

GALOPIN. — Madame, on a servi sur table.

DORANTE. — Ah! voilà justement ce qu'il faut pour le dénoûment que nous cherchions, et l'on n'en peut rien trouver de plus naturel. On disputera fort et ferme de part et d'autre, comme nous avons fait, sans que personne se rende; un petit laquais viendra dire qu'on a servi, on se lèvera, et chacun ira souper.

URANIE. — La comédie ne peut pas mieux finir, et nous ferons bien d'en demeurer là.

FIN DE LA CRITIQUE DE L'ÉCOLE DES FEMMES.